SARRASINE

BALZAC

SARRASINE

L'HERMAPHRODITE
par
MICHEL SERRES

GF-Flammarion

© **FLAMMARION**, 1989, pour cette édition.
ISBN 2-08-070540-7

BALZAC

SARRASINE

A Monsieur Charles de Bernard du Grail

J'étais plongé dans une de ces rêveries profondes qui saisissent tout le monde, même un homme frivole, au sein des fêtes les plus tumultueuses. Minuit venait de sonner à l'horloge de l'Élysée-Bourbon. Assis dans l'embrasure d'une fenêtre, et caché sous les plis onduleux d'un rideau de moire, je pouvais contempler à mon aise le jardin de l'hôtel où je passais la soirée. Les arbres, imparfaitement couverts de neige, se détachaient faiblement du fond grisâtre que formait un ciel nuageux, à peine blanchi par la lune. Vus au sein de cette atmosphère fantastique, ils ressemblaient vaguement à des spectres mal enveloppés de leurs linceuls, image gigantesque de la fameuse *danse des morts*. Puis, en me retournant de l'autre côté, je pouvais admirer la danse des vivants ! un salon splendide, aux parois d'argent et d'or, aux lustres étincelants, brillant de bougies. Là, fourmillaient, s'agitaient et papillonnaient les plus jolies femmes de Paris, les plus riches, les mieux titrées,

éclatantes, pompeuses, éblouissantes de
diamants ! des fleurs sur la tête, sur le sein,
dans les cheveux, semées sur les robes, ou
en guirlandes à leurs pieds. C'était de légers
frémissements de joie, des pas voluptueux
qui faisaient rouler les dentelles, les blondes,
la mousseline autour de leurs flancs délicats.
Quelques regards trop vifs perçaient çà et là,
éclipsaient les lumières, le feu des diamants,
et animaient encore des cœurs trop ardents.
On surprenait aussi des airs de tête signifi-
catifs pour les amants, et des attitudes né-
gatives pour les maris. Les éclats de voix des
joueurs, à chaque coup imprévu, le retentis-
sement de l'or se mêlaient à la musique, au
murmure des conversations ; pour achever
d'étourdir cette foule enivrée par tout ce que
le monde peut offrir de séductions, une va-
peur de parfums et l'ivresse générale agis-
saient sur les imaginations affolées. Ainsi, à
ma droite, la sombre et silencieuse image de
la mort ; à ma gauche, les décentes baccha-
nales de la vie : ici, la nature froide, morne,
en deuil ; là, les hommes en joie. Moi, sur la
frontière de ces deux tableaux si disparates,
qui, mille fois répétés de diverses manières,
rendent Paris la ville la plus amusante du
monde et la plus philosophique, je faisais une
macédoine morale, moitié plaisante, moitié
funèbre. Du pied gauche je marquais la mesure, et je croyais avoir l'autre dans un cer-

cueil. Ma jambe était en effet glacée par un de ces vents coulis qui vous gèlent une moitié du corps tandis que l'autre éprouve la chaleur moite des salons, accident assez fréquent au bal.

« Il n'y a pas fort longtemps que M. de Lanty possède cet hôtel ?

– Si fait. Voici bientôt dix ans que le maréchal de Carigliano le lui a vendu...

– Ah !

– Ces gens-là doivent avoir une fortune immense ?

– Mais il le faut bien.

– Quelle fête ! Elle est d'un luxe insolent.

– Les croyez-vous aussi riches que le sont M. de Nucingen ou M. de Gondreville ?

– Mais vous ne savez donc pas ? »

J'avançai la tête et reconnus les deux interlocuteurs pour appartenir à cette gent curieuse qui, à Paris, s'occupe exclusivement des *Pourquoi ?* des *Comment ? D'où vient-il ? Qui sont-ils ? Qu'y a-t-il ? Qu'a-t-elle fait ?* Ils se mirent à parler bas, et s'éloignèrent pour aller causer plus à l'aise sur quelque canapé solitaire. Jamais mine plus féconde ne s'était ouverte aux chercheurs de mystères. Personne ne savait de quel pays venait la famille de Lanty, ni de quel commerce, de quelle spoliation, de quelle piraterie ou de quel héritage provenait une fortune estimée à plusieurs millions. Tous les membres de cette famille parlaient l'italien, le français, l'espagnol, l'anglais et l'allemand, avec assez de perfection pour faire supposer qu'ils avaient dû longtemps séjourner parmi ces différents peuples. Étaient-ce des bohémiens ? étaient-ce des flibustiers ?

« Quand ce serait le diable ! disaient de jeunes politiques, ils reçoivent à merveille. »

« Le comte de Lanty eût-il dévalisé quelque *Casauba*, j'épouserais bien sa fille ! » s'écriait un philosophe.

Qui n'aurait épousé Marianina, jeune fille de seize ans, dont la beauté réalisait les fabuleuses conceptions des poètes orientaux ? Comme la fille du sultan dans le conte de *La Lampe merveilleuse*, elle aurait dû rester voilée. Son chant faisait pâlir les talents incomplets des Malibran, des Sontag, des Fodor, chez lesquelles une qualité dominante a toujours exclu la perfection de l'ensemble ; tandis que Marianina savait unir au même degré la pureté du son, la sensibilité, la justesse du mouvement et des intonations, l'âme et la science, la correction et le sentiment. Cette fille était le type de cette poésie secrète, lien commun de tous les arts, et qui fuit toujours ceux qui la cherchent. Douce et modeste, instruite et spirituelle, rien ne pouvait éclipser Marianina si ce n'était sa mère.

Avez-vous jamais rencontré de ces femmes

dont la beauté foudroyante défie les atteintes de l'âge, et qui semblent à trente-six ans plus désirables qu'elles ne devaient l'être quinze ans plus tôt ? Leur visage est une âme passionnée, il étincelle ; chaque trait y brille d'intelligence ; chaque pore possède un éclat particulier, surtout aux lumières. Leurs yeux séduisants attirent, refusent, parlent ou se taisent ; leur démarche est innocemment savante ; leur voix déploie les mélodieuses richesses des tons les plus coquettement doux et tendres. Fondés sur des comparaisons, leurs éloges caressent l'amour-propre le plus chatouilleux. Un mouvement de leurs sourcils, le moindre jeu de l'œil, leur lèvre qui se fronce, impriment une sorte de terreur à ceux qui font dépendre d'elles leur vie et leur bonheur. Inexpériente de l'amour et docile au discours, une jeune fille peut se laisser séduire ; mais pour ces sortes de femmes, un homme doit savoir, comme M. de Jaucourt, ne pas crier quand, en se cachant au fond d'un cabinet, la femme de chambre lui brise deux doigts dans la jointure d'une porte. Aimer ces puissantes sirènes, n'est-ce pas jouer sa vie ? Et voilà pourquoi peut-être les aimons-nous si passionnément ! Telle était la comtesse de Lanty.

Filippo, frère de Marianina, tenait, comme sa sœur, de la beauté merveilleuse de la comtesse. Pour tout dire en un mot, ce jeune

homme était une image vivante de l'Antinoüs, avec des formes plus grêles. Mais
comme ces maigres et délicates proportions
s'allient bien à la jeunesse quand un teint
olivâtre, des sourcils vigoureux et le feu d'un
œil velouté promettent pour l'avenir des passions mâles, des idées généreuses ! Si Filippo
restait dans tous les cœurs de jeunes filles,
comme un type, il demeurait également dans
le souvenir de toutes les mères, comme le
meilleur parti de France.

La beauté, la fortune, l'esprit, les grâces
de ces deux enfants venaient uniquement de
leur mère. Le comte de Lanty était petit, laid
et grêlé ; sombre comme un Espagnol, ennuyeux comme un banquier. Il passait d'ailleurs pour un profond politique, peut-être
parce qu'il riait rarement, et citait toujours
M. de Metternich ou Wellington.

Cette mystérieuse famille avait tout l'at-
trait d'un poème de lord Byron, dont les
difficultés étaient traduites d'une manière dif-
férente par chaque personne du beau
monde : un chant obscur et sublime de
strophe en strophe. La réserve que M. et
Mme de Lanty gardaient sur leur origine, sur
leur existence passée et sur leurs relations
avec les quatre parties du monde n'eût pas
été longtemps un sujet d'étonnement à Paris.
En nul pays peut-être l'axiome de Vespasien
n'est mieux compris. Là, les écus même

tachés de sang ou de boue ne trahissent rien et représentent tout. Pourvu que la haute société sache le chiffre de votre fortune, vous êtes classé parmi les sommes qui vous sont égales, et personne ne vous demande à voir vos parchemins, parce que tout le monde sait combien peu ils coûtent. Dans une ville où les problèmes sociaux se résolvent par des équations algébriques, les aventuriers ont en leur faveur d'excellentes chances. En supposant que cette famille eût été bohémienne d'origine, elle était si riche, si attrayante, que la haute société pouvait bien lui pardonner ses petits mystères. Mais, par malheur, l'histoire énigmatique de la maison Lanty offrait un perpétuel intérêt de curiosité, assez semblable à celui des romans d'Anne Radcliffe.

Les observateurs, ces gens qui tiennent à savoir dans quel magasin vous achetez vos candélabres, ou qui vous demandent le prix du loyer quand votre appartement leur semble beau, avaient remarqué, de loin en loin, au milieu des fêtes, des concerts, des bals, des raouts donnés par la comtesse, l'apparition d'un personnage étrange. C'était un homme. La première fois qu'il se montra dans l'hôtel, ce fut pendant un concert, où il semblait avoir été attiré vers le salon par la voix enchanteresse de Marianina.

« Depuis un moment, j'ai froid », dit à sa voisine une dame placée près de la porte.

L'inconnu, qui se trouvait près de cette femme, s'en alla.

« Voilà qui est singulier ! j'ai chaud, dit cette femme après le départ de l'étranger. Et vous me taxerez peut-être de folie, mais je ne saurais m'empêcher de penser que mon voisin, ce monsieur vêtu de noir qui vient de partir, causait ce froid. »

Bientôt l'exagération naturelle aux gens de la haute société fit naître et accumuler les idées les plus plaisantes, les expressions les plus bizarres, les contes les plus ridicules sur ce personnage mystérieux. Sans être précisément un vampire, une goule, un homme artificiel, une espèce de Faust ou de Robin des bois, il participait, au dire des gens amis du fantastique, de toutes ces natures anthropomorphes. Il se rencontrait çà et là des Allemands qui prenaient pour des réalités ces railleries ingénieuses de la médisance parisienne. L'étranger était simplement un *vieillard*. Plusieurs de ces jeunes hommes, habitués à décider, tous les matins, l'avenir de l'Europe, dans quelques phrases élégantes, voulaient voir en l'inconnu quelque grand criminel, possesseur d'immenses richesses. Des romanciers racontaient la vie de ce vieillard, et vous donnaient des détails véritablement curieux sur les atrocités commises par lui pendant le temps qu'il était au service du prince de Mysore. Des banquiers, gens plus positifs, établissaient une fable spécieuse : « Bah ! disaient-ils en haussant leurs larges épaules par un mouvement de pitié, ce petit vieux est une *tête génoise* !

– Monsieur, si ce n'est pas une indiscrétion, pourriez-vous avoir la bonté de m'expliquer ce que vous entendez par une tête génoise ?

– Monsieur, c'est un homme sur la vie duquel reposent d'énormes capitaux, et de sa bonne santé dépendent sans doute les revenus de cette famille. »

Je me souviens d'avoir entendu chez Mme d'Espard un magnétiseur prouvant, par des considérations historiques très spécieuses, que ce vieillard, mis sous verre, était le fameux Balsamo, dit Cagliostro. Selon ce moderne alchimiste, l'aventurier sicilien avait échappé à la mort, et s'amusait à faire de l'or pour ses petits-enfants. Enfin le bailli de Ferrette prétendait avoir reconnu dans ce singulier personnage le comte de Saint-Germain. Ces niaiseries, dites avec le ton spirituel, avec l'air railleur qui, de nos jours, caractérise une société sans croyances, entretenaient de vagues soupçons sur la maison de Lanty. Enfin, par un singulier concours de circonstances, les membres de cette fa-

mille justifiaient les conjectures du monde,
en tenant une conduite assez mystérieuse
avec ce vieillard, dont la vie était en quelque
sorte dérobée à toutes les investigations.

Ce personnage franchissait-il le seuil de
l'appartement qu'il était censé occuper à
l'hôtel de Lanty, son apparition causait toujours une grande sensation dans la famille.
On eût dit un événement de haute impor-
tance. Filippo, Marianina, Mme de Lanty et
un vieux domestique avaient seuls le privi-
lège d'aider l'inconnu à marcher, à se lever,
à s'asseoir. Chacun en surveillait les
moindres mouvements. Il semblait que ce fût
une personne enchantée de qui dépendissent
le bonheur, la vie ou la fortune de tous. Était-
ce crainte ou affection ? Les gens du monde
ne pouvaient découvrir aucune induction qui
les aidât à résoudre ce problème. Caché pendant des mois entiers au fond d'un sanctuaire
inconnu, ce génie familier en sortait tout à
coup comme furtivement, sans être attendu,
et apparaissait au milieu des salons comme
ces fées d'autrefois qui descendaient de leurs
dragons volants pour venir troubler les solen-
nités auxquelles elles n'avaient pas été
conviées. Les observateurs les plus exercés
pouvaient alors seuls deviner l'inquiétude
des maîtres du logis, qui savaient dissimuler
leurs sentiments avec une singulière habileté.
Mais, parfois, tout en dansant dans un qua-

drille, la trop naïve Marianina jetait un regard de terreur sur le vieillard qu'elle
surveillait au sein des groupes. Ou bien Filippo s'élançait en se glissant à travers la
foule, pour le joindre, et restait auprès de
lui, tendre et attentif, comme si le contact
des hommes ou le moindre souffle dût briser
cette créature bizarre. La comtesse tâchait
de s'en approcher, sans paraître avoir eu
l'intention de le rejoindre ; puis, en prenant
des manières et une physionomie autant em-
preintes de servilité que de tendresse, de
soumission que de despotisme, elle disait
deux ou trois mots auxquels déférait presque
toujours le vieillard, il disparaissait emmené,
ou, pour mieux dire, emporté par elle. Si
Mme de Lanty n'était pas là, le comte em-
ployait mille stratagèmes pour arriver à lui ;
mais il avait l'air de s'en faire écouter difficilement, et le traitait comme un enfant gâté
dont la mère écoute les caprices ou redoute
la mutinerie. Quelques indiscrets s'étant ha-
sardés à questionner étourdiment le comte
de Lanty, cet homme froid et réservé n'avait
jamais paru comprendre l'interrogation des
curieux. Aussi, après bien des tentatives, que
la circonspection de tous les membres de
cette famille rendit vaines, personne ne cher-
cha-t-il à découvrir un secret si bien gardé.
Les espions de bonne compagnie, les gobe-
mouches et les politiques avaient fini, de

guerre lasse, par ne plus s'occuper de ce mystère.

Mais en ce moment il y avait peut-être au sein de ces salons resplendissants des philosophes qui, tout en prenant une glace, un sorbet, ou en posant sur une console leur verre vide de punch, se disaient : « Je ne serais pas étonné d'apprendre que ces gens-là sont des fripons. Ce vieux, qui se cache et n'apparaît qu'aux équinoxes ou aux solstices, m'a tout l'air d'un assassin...

– Ou d'un banqueroutier...

– C'est à peu près la même chose. Tuer la fortune d'un homme, c'est quelquefois pis que de le tuer lui-même.

– Monsieur, j'ai parié vingt louis, il m'en revient quarante.

– Ma foi ! monsieur, il n'en reste que trente sur le tapis...

– Hé bien, voyez-vous comme la société est mêlée ici. On n'y peut pas jouer.

– C'est vrai. Mais voilà bientôt six mois que nous n'avons aperçu l'Esprit. Croyez-vous que ce soit un être vivant ?

– Hé ! hé ! tout au plus... »

Ces derniers mots étaient dits, autour de moi, par des inconnus qui s'en allèrent au moment où je résumais, dans une dernière pensée, mes réflexions mélangées de noir et de blanc, de vie et de mort. Ma folle imagination autant que mes yeux contemplait tour

à tour et la fête, arrivée à son plus haut
degré de splendeur, et le sombre tableau des
jardins. Je ne sais combien de temps je mé-
ditai sur ces deux côtés de la médaille
humaine ; mais soudain le rire étouffé d'une
jeune femme me réveilla. Je restai stupéfait
à l'aspect de l'image qui s'offrit à mes regards. Par un des plus rares caprices de la
nature, la pensée en demi-deuil qui se roulait
dans ma cervelle en était sortie, elle se trouvait devant moi, personnifiée, vivante, elle
avait jailli comme Minerve de la tête de Jupiter, grande et forte, elle avait tout à la fois
cent ans et vingt-deux ans, elle était vivante
et morte. Échappé de sa chambre, comme
un fou de sa loge, le petit vieillard s'était
sans doute adroitement coulé derrière une
haie de gens attentifs à la voix de Marianina,
qui finissait la cavatine de *Tancrède*. Il semblait être sorti de dessous terre, poussé par
quelque mécanisme de théâtre. Immobile et
sombre, il resta pendant un moment à regarder cette fête, dont le murmure avait peut-
être atteint à ses oreilles. Sa préoccupation,
presque somnambulique, était si concentrée
sur les choses qu'il se trouvait au milieu du
monde sans voir le monde. Il avait surgi sans
cérémonie auprès d'une des plus ravissantes
femmes de Paris, danseuse élégante et jeune,
aux formes délicates, une de ces figures aussi
fraîches que l'est celle d'un enfant, blanches

et roses, et si frêles, si transparentes, qu'un regard d'homme semble devoir les pénétrer, comme les rayons du soleil traversent une glace pure. Ils étaient là, devant moi, tous deux, ensemble, unis et si serrés, que l'étranger froissait et la robe de gaze, et les guirlandes de fleurs, et les cheveux légèrement crêpés, et la ceinture flottante.

J'avais amené cette jeune femme au bal de Mme de Lanty. Comme elle venait pour la première fois dans cette maison, je lui pardonnai son rire étouffé ; mais je lui fis vivement je ne sais quel signe impérieux qui la rendit tout interdite et lui donna du respect pour son voisin. Elle s'assit près de moi. Le vieillard ne voulut pas quitter cette délicieuse créature, à laquelle il s'attacha capricieusement avec cette obstination muette et sans cause apparente, dont sont susceptibles les gens extrêmement âgés, et qui les fait ressembler à des enfants. Pour s'asseoir auprès de la jeune dame, il lui fallut prendre un pliant. Ses moindres mouvements furent empreints de cette lourdeur froide, de cette stupide indécision qui caractérisent les gestes d'un paralytique. Il se posa lentement sur son siège, avec circonspection, et en grommelant quelques paroles inintelligibles. Sa voix cassée ressembla au bruit que fait une pierre en tombant dans un puits. La jeune femme me pressa vivement la main, comme si elle eût cherché à se garantir d'un précipice, et frissonna quand cet homme, qu'elle regardait, tourna sur elle deux yeux sans chaleur, deux yeux glauques qui ne pouvaient se comparer qu'à de la nacre ternie.

« J'ai peur, me dit-elle en se penchant à mon oreille.

– Vous pouvez parler, répondis-je. Il entend très difficilement.

– Vous le connaissez donc ?

– Oui. »

Elle s'enhardit alors assez pour examiner pendant un moment cette créature sans nom dans le langage humain, forme sans substance, être sans vie, ou vie sans action. Elle était sous le charme de cette craintive curiosité qui pousse les femmes à se procurer des émotions dangereuses, à voir des tigres enchaînés, à regarder des boas, en s'effrayant de n'en être séparées que par de faibles barrières. Quoique le petit vieillard eût le dos courbé comme celui d'un journalier, on s'apercevait facilement que sa taille avait dû être ordinaire. Son excessive maigreur, la délicatesse de ses membres, prouvaient que ses proportions étaient toujours restées sveltes. Il portait une culotte de soie noire, qui flottait autour de ses cuisses décharnées en décrivant des plis comme une voile abattue. Un anatomiste eût reconnu soudain les symptômes d'une affreuse étisie en voyant

les petites jambes qui servaient à soutenir ce
corps étrange. Vous eussiez dit de deux os
mis en croix sur une tombe. Un sentiment
de profonde horreur pour l'homme saisissait
le cœur quand une fatale attention vous dé-
voilait les marques imprimées par la décré-
pitude à cette casuelle machine. L'inconnu
portait un gilet blanc, brodé d'or, à l'ancienne mode, et son linge était d'une blancheur éclatante. Un jabot de dentelle
d'Angleterre assez roux, dont la richesse eût
été enviée par une reine, formait des ruches
jaunes sur sa poitrine ; mais sur lui cette
dentelle était plutôt un haillon qu'un orne-
ment. Au milieu de ce jabot, un diamant
d'une valeur incalculable scintillait comme
le soleil. Ce luxe suranné, ce trésor intrin-
sèque et sans goût, faisaient encore mieux
ressortir la figure de cet être bizarre. Le
cadre était digne du portrait. Ce visage noir
était anguleux et creusé dans tous les sens.
Le menton était creux ; les tempes étaient
creuses ; les yeux étaient perdus en de jaunâtres orbites. Les os maxillaires, rendus
saillants par une maigreur indescriptible,
dessinaient des cavités au milieu de chaque
joue. Ces gibbosités, plus ou moins éclairées
par les lumières, produisirent des ombres et
des reflets curieux qui achevaient d'ôter à ce
visage les caractères de la face humaine. Puis
les années avaient si fortement collé sur les

os la peau jaune et fine de ce visage qu'elle y décrivait partout une multitude de rides ou circulaires, comme les replis de l'eau troublée par un caillou que jette un enfant, ou étoilées comme une fêlure de vitre, mais toujours profondes et aussi pressées que les feuillets dans la tranche d'un livre. Quelques vieillards nous présentent souvent des portraits plus hideux ; mais ce qui contribuait le plus à donner l'apparence d'une création artificielle au spectre survenu devant nous, était le rouge et le blanc dont il reluisait. Les sourcils de son masque recevaient de la lumière un lustre qui révélait une peinture très bien exécutée. Heureusement pour la vue attristée de tant de ruines, son crâne cadavéreux était caché sous une perruque blonde dont les boucles innombrables trahissaient une prétention extraordinaire. Du reste, la coquetterie féminine de ce personnage fantasmagorique était assez énergiquement annoncée par les boucles d'or qui pendaient à ses oreilles, par les anneaux dont les admirables pierreries brillaient à ses doigts ossifiés, et par une chaîne de montre qui scintillait comme les chatons d'une rivière au cou d'une femme. Enfin, cette espèce d'idole japonaise conservait sur ses lèvres bleuâtres un rire fixe et arrêté, un rire implacable et goguenard, comme celui d'une tête de mort. Silencieuse, immobile autant

qu'une statue, elle exhalait l'odeur musquée
des vieilles robes que les héritiers d'une duchesse exhument de ses tiroirs pendant un
inventaire. Si le vieillard tournait les yeux
vers l'assemblée, il semblait que les mouvements de ces globes incapables de réfléchir
une lueur se fussent accomplis par un artifice
imperceptible ; et quand les yeux s'arrê-
taient, celui qui les examinait finissait par
douter qu'ils eussent remué. Voir, auprès de
ces débris humains, une jeune femme dont
le cou, les bras et le corsage étaient nus et
blancs ; dont les formes pleines et ver-
doyantes de beauté, dont les cheveux bien
plantés sur un front d'albâtre inspiraient
l'amour, dont les yeux ne recevaient pas,
mais répandaient la lumière, qui était suave,
fraîche, et dont les boucles vaporeuses, dont
l'haleine embaumée semblaient trop lourdes,
trop dures, trop puissantes pour cette ombre,
pour cet homme en poussière ; ah ! c'était
bien la mort et la vie, ma pensée, une arabesque imaginaire, une chimère hideuse à
moitié, divinement femelle par le corsage.

« Il y a pourtant de ces mariages-là qui
s'accomplissent assez souvent dans le
monde », me dis-je.

« Il sent le cimetière », s'écria la jeune
femme épouvantée qui me pressa comme
pour s'assurer de ma protection, et dont les
mouvements tumultueux me dirent qu'elle

avait grand-peur. « C'est une horrible vision, reprit-elle, je ne saurais rester là plus long-temps. Si je le regarde encore, je croirai que la mort elle-même est venue me chercher. Mais vit-il ? »

Elle porta la main sur le phénomène avec cette hardiesse que les femmes puisent dans la violence de leurs désirs ; mais une sueur froide sortit de ses pores, car aussitôt qu'elle eut touché le vieillard, elle entendit un cri semblable à celui d'une crécelle. Cette aigre voix, si c'était une voix, s'échappa d'un go-sier presque desséché. Puis à cette clameur succéda vivement une petite toux d'enfant, convulsive et d'une sonorité particulière. A ce bruit, Marianina, Filippo et Mme de Lanty jetèrent les yeux sur nous, et leurs regards furent comme des éclairs. La jeune femme aurait voulu être au fond de la Seine. Elle prit mon bras et m'entraîna vers un boudoir. Hommes et femmes, tout le monde nous fit place. Parvenus au fond des appartements de réception, nous entrâmes dans un petit ca-binet demi-circulaire. Ma compagne se jeta sur un divan, palpitant d'effroi, sans savoir où elle était.

« Madame, vous êtes folle, lui dis-je.

– Mais, reprit-elle après un moment de silence pendant lequel je l'admirai, est-ce ma faute ? Pourquoi Mme de Lanty laisse-t-elle errer des revenants dans son hôtel ?

– Allons, répondis-je, vous imitez les sots.
Vous prenez un petit vieillard pour un
spectre.

– Taisez-vous », répliqua-t-elle avec cet air
imposant et railleur que toutes les femmes
savent si bien prendre quand elles veulent
avoir raison. « Le joli boudoir ! s'écria-t-elle
en regardant autour d'elle. Le satin bleu fait
toujours à merveille en tenture. Est-ce frais !
Ah ! le beau tableau ! » ajouta-t-elle en se
levant, et allant se mettre en face d'une toile
magnifiquement encadrée.

Nous restâmes pendant un moment dans
la contemplation de cette merveille, qui semblait due à quelque pinceau surnaturel. Le
tableau représentait Adonis étendu sur une
peau de lion. La lampe suspendue au milieu
du boudoir, et contenue dans un vase d'albâtre, illuminait alors cette toile d'une lueur
douce qui nous permit de saisir toutes les
beautés de la peinture.

« Un être si parfait existe-t-il ? » me de-
manda-t-elle après avoir examiné, non sans
un doux sourire de contentement, la grâce
exquise des contours, la pose, la couleur, les
cheveux, tout enfin.

« Il est trop beau pour un homme », ajouta-
t-elle après un examen pareil à celui qu'elle
aurait fait d'une rivale.

Oh ! comme je ressentis alors les atteintes
de cette jalousie à laquelle un poète avait

essayé vainement de me faire croire ! la jalousie des gravures, des tableaux, des statues, où les artistes exagèrent la beauté
humaine, par suite de la doctrine qui les
porte à tout idéaliser.

« C'est un portrait, lui répondis-je. Il est
dû au talent de Vien. Mais ce grand peintre
n'a jamais vu l'original, et votre admiration
sera moins vive peut-être quand vous saurez
que cette académie a été faite d'après une
statue de femme.

– Mais qui est-ce ? »

J'hésitai.

« Je veux le savoir, ajouta-t-elle vivement.

– Je crois, lui dis-je, que cet Adonis représente un... un... un parent de Mme de
Lanty. »

J'eus la douleur de la voir abîmée dans la
contemplation de cette figure. Elle s'assit en
silence, je me mis auprès d'elle, et lui pris la
main sans qu'elle s'en aperçût ! Oublié pour
un portrait ! En ce moment le bruit léger des
pas d'une femme dont la robe frémissait re-
tentit dans le silence. Nous vîmes entrer la
jeune Marianina, plus brillante encore par
son expression d'innocence que par sa grâce
et par sa fraîche toilette ; elle marchait alors
lentement, et tenait avec un soin maternel,
avec une filiale sollicitude, le spectre habillé
qui nous avait fait fuir du salon de musique ;
elle le conduisit en le regardant avec une

espèce d'inquiétude posant lentement ses pieds débiles. Tous deux, ils arrivèrent assez péniblement à une porte cachée dans la tenture. Là, Marianina frappa doucement. Aussitôt apparut, comme par magie, un grand homme sec, espèce de génie familier. Avant de confier le vieillard à ce gardien mystérieux, la jeune enfant baisa respectueusement le cadavre ambulant, et sa chaste caresse ne fut pas exempte de cette câlinerie gracieuse dont le secret appartient à quelques femmes privilégiées.

« *Addio, addio !* » disait-elle avec les inflexions les plus jolies de sa jeune voix.

Elle ajouta même sur la dernière syllabe une roulade admirablement bien exécutée, mais à voix basse, et comme pour peindre l'effusion de son cœur par une expression poétique. Le vieillard, frappé subitement par quelque souvenir, resta sur le seuil de ce réduit secret. Nous entendîmes alors, grâce à un profond silence, le soupir lourd qui sortit de sa poitrine : il tira la plus belle des bagues dont ses doigts de squelette étaient chargés, et la plaça dans le sein de Marianina. La jeune folle se mit à rire, reprit la bague, la glissa par-dessus son gant à l'un de ses doigts, et s'élança vivement vers le salon, où retentirent à ce moment les préludes d'une contredanse. Elle nous aperçut.

« Ah ! vous étiez là ! » dit-elle en rougis-
sant.

Après nous avoir regardés comme pour
nous interroger, elle courut à son danseur
avec l'insouciante pétulance de son âge.

« Qu'est-ce que cela veut dire ? me demanda ma jeune partenaire. Est-ce son
mari ? Je crois rêver. Où suis-je ?

– Vous ! répondis-je, vous, madame, qui
êtes exaltée et qui, comprenant si bien les
émotions les plus imperceptibles, savez culti-
ver dans un cœur d'homme le plus délicat
des sentiments, sans le flétrir, sans le briser
dès le premier jour, vous qui avez pitié des
peines du cœur et qui à l'esprit d'une Parisienne joignez une âme passionnée digne de
l'Italie ou de l'Espagne... »

Elle vit bien que mon langage était em-
preint d'une ironie amère ; et, alors, sans
avoir l'air d'y prendre garde, elle m'inter-
rompit pour dire : « Oh ! vous me faites à
votre goût. Singulière tyrannie ! Vous voulez
que je ne sois pas *moi*.

– Oh ! je ne veux rien, m'écriai-je épouvanté de son attitude sévère. Au moins est-il
vrai que vous aimez à entendre raconter
l'histoire de ces passions énergiques enfan-
tées dans nos cœurs par les ravissantes
femmes du Midi ?

– Oui. Hé bien ?

– Hé bien, j'irai demain soir chez vous

vers neuf heures, et je vous révélerai ce mystère.

– Non, répondit-elle d'un air mutin, je veux l'apprendre sur-le-champ.

– Vous ne m'avez pas encore donné le droit de vous obéir quand vous dites : '' Je veux.''

– En ce moment, répondit-elle avec une coquetterie désespérante, j'ai le plus vif désir de connaître ce secret. Demain, je ne vous écouterai peut-être pas... »

Elle sourit, et nous nous séparâmes ; elle toujours aussi fière, aussi rude, et moi toujours aussi ridicule en ce moment que toujours. Elle eut l'audace de valser avec un jeune aide de camp, et je restai tour à tour fâché, boudeur, admirant, aimant, jaloux.

« A demain », me dit-elle vers deux heures du matin, quand elle sortit du bal.

« Je n'irai pas, pensais-je, et je t'abandonne. Tu es plus capricieuse, plus fantasque mille fois peut-être... que mon imagination. »

Le lendemain, nous étions devant un bon feu, dans un petit salon élégant, assis tous deux ; elle sur une causeuse ; moi, sur des coussins, presque à ses pieds, et mon œil sous le sien. La rue était silencieuse. La lampe jetait une clarté douce. C'était une de ces soirées délicieuses à l'âme, un de ces moments qui ne s'oublient jamais, une de ces heures passées dans la paix et le désir, et

dont, plus tard, le charme est toujours un
sujet de regret, même quand nous nous trouvons plus heureux. Qui peut effacer la vive
empreinte des premières sollicitations de
l'amour ?

« Allons, dit-elle, j'écoute.

– Mais je n'ose commencer. L'aventure a
des passages dangereux pour le narrateur. Si
je m'enthousiasme, vous me ferez taire.

– Parlez.

– J'obéis.

– Ernest-Jean Sarrasine était le seul fils
d'un procureur de la Franche-Comté, repris-
je après une pause. Son père avait assez
loyalement gagné six à huit mille livres de
rente, fortune de praticien qui, jadis, en pro-
vince, passait pour colossale. Le vieux maître
Sarrasine, n'ayant qu'un enfant, ne voulut
rien négliger pour son éducation, il espérait
en faire un magistrat, et vivre assez longtemps pour voir, dans ses vieux jours, le
petit-fils de Matthieu Sarrasine, laboureur au
pays de Saint-Dié, s'asseoir sur les lys et
dormir à l'audience pour la plus grande
gloire du Parlement ; mais le ciel ne réservait
pas cette joie au procureur. Le jeune Sarrasine, confié de bonne heure aux Jésuites,
donna les preuves d'une turbulence peu
commune. Il eut l'enfance d'un homme de
talent. Il ne voulait étudier qu'à sa guise, se
révoltait souvent, et restait parfois des

heures entières plongé dans de confuses mé-
ditations, occupé, tantôt à contempler ses
camarades quand ils jouaient, tantôt à se
représenter les héros d'Homère. Puis, s'il lui
arrivait de se divertir, il mettait une ardeur
extraordinaire dans ses jeux. Lorsqu'une
lutte s'élevait entre un camarade et lui, rarement le combat finissait sans qu'il y eût du
sang répandu. S'il était le plus faible, il mor-
dait. Tour à tour agissant ou passif, sans
aptitude ou trop intelligent, son caractère
bizarre le fit redouter de ses maîtres autant
que de ses camarades. Au lieu d'apprendre
les éléments de la langue grecque, il dessinait
le révérend père qui leur expliquait un passage de Thucydide, croquait le maître de
mathématiques, le préfet, les valets, le cor-
recteur, et barbouillait tous les murs d'es-
quisses informes. Au lieu de chanter les
louanges du Seigneur à l'église, il s'amusait,
pendant les offices, à déchiqueter un banc ;
ou quand il avait volé quelque morceau de
bois, il sculptait quelque figure de sainte. Si
le bois, la pierre ou le crayon lui manquaient,
il rendait ses idées avec de la mie de pain.
Soit qu'il copiât les personnages des tableaux
qui garnissaient le chœur, soit qu'il impro-
visât, il laissait toujours à sa place de gros-
sières ébauches, dont le caractère licencieux
désespérait les plus jeunes pères ; et les mé-
disants prétendaient que les vieux jésuites en

souriaient. Enfin, s'il faut en croire la chronique du collège, il fut chassé pour avoir, en attendant son tour au confessionnal, un vendredi saint, sculpté une grosse bûche en forme de Christ. L'impiété gravée sur cette statue était trop forte pour ne pas attirer un châtiment à l'artiste. N'avait-il pas eu l'audace de placer sur le haut du tabernacle cette figure passablement cynique ! Sarrasine vint chercher à Paris un refuge contre les menaces de la malédiction paternelle. Ayant une de ces volontés fortes qui ne connaissent pas d'obstacles, il obéit aux ordres de son génie et entra dans l'atelier de Bouchardon. Il travaillait pendant toute la journée, et, le soir, allait mendier sa subsistance. Bouchardon, émerveillé des progrès et de l'intelligence du jeune artiste, devina bientôt la misère dans laquelle se trouvait son élève ; il le secourut, le prit en affection, et le traita comme son enfant. Puis, lorsque le génie de Sarrasine se fut dévoilé par une de ces œuvres où le talent à venir lutte contre l'effervescence de la jeunesse, le généreux Bouchardon essaya de le remettre dans les bonnes grâces du vieux procureur. Devant l'autorité du sculpteur célèbre le courroux paternel s'apaisa. Besançon tout entier se félicita d'avoir donné le jour à un grand homme futur. Dans le premier moment d'extase où le plongea sa vanité flattée, le praticien avare mit son fils en

état de paraître avec avantage dans le
monde. Les longues et laborieuses études
exigées par la sculpture domptèrent pendant
longtemps le caractère impétueux et le génie
sauvage de Sarrasine. Bouchardon, pré-
voyant la violence avec laquelle les passions
se déchaîneraient dans cette jeune âme,
peut-être aussi vigoureusement trempée que
celle de Michel-Ange, en étouffa l'énergie
sous des travaux continus. Il réussit à main-
tenir dans de justes bornes la fougue extraordinaire de Sarrasine, en lui défendant de
travailler, en lui proposant des distractions
quand il le voyait emporté par la furie de
quelque pensée, ou en lui confiant d'impor-
tants travaux au moment où il était prêt à
se livrer à la dissipation. Mais, auprès de
cette âme passionnée, la douceur fut toujours la plus puissante de toutes les armes,
et le maître ne prit un grand empire sur son
élève qu'en en excitant la reconnaissance par
une bonté paternelle. À l'âge de vingt-deux
ans, Sarrasine fut forcément soustrait à la
salutaire influence que Bouchardon exerçait
sur ses mœurs et sur ses habitudes. Il porta
les peines de son génie en gagnant le prix de
sculpture fondé par le marquis de Marigny,
le frère de Mme de Pompadour, qui fit tant
pour les Arts. Diderot vanta comme un chef-
d'œuvre la statue de l'élève de Bouchardon.
Ce ne fut pas sans une profonde douleur que

le sculpteur du Roi vit partir pour l'Italie un
jeune homme dont, par principe, il avait en-
tretenu l'ignorance profonde sur les choses
de la vie. Sarrasine était depuis six ans le
commensal de Bouchardon. Fanatique de son
art comme Canova le fut depuis, il se levait
au jour, entrait dans l'atelier pour n'en sortir
qu'à la nuit, et ne vivait qu'avec sa muse.
S'il allait à la Comédie-Française, il y était
entraîné par son maître. Il se sentait si gêné
chez Mme Geoffrin et dans le grand monde
où Bouchardon essaya de l'introduire, qu'il
préféra rester seul, et répudia les plaisirs de
cette époque licencieuse. Il n'eut pas d'autre
maîtresse que la Sculpture et Clotilde, l'une
des célébrités de l'Opéra. Encore cette intrigue ne dura-t-elle pas. Sarrasine était assez
laid, toujours mal mis, et de sa nature si
libre, si peu régulier dans sa vie privée, que
l'illustre nymphe, redoutant quelque catastrophe, rendit bientôt le sculpteur à l'amour
des Arts. Sophie Arnould a dit je ne sais quel
bon mot à ce sujet. Elle s'étonna, je crois,
que sa camarade eût pu l'emporter sur des
statues. Sarrasine partit pour l'Italie en
1758. Pendant le voyage, son imagination
ardente s'enflamma sous un ciel de cuivre et
à l'aspect des monuments merveilleux dont
est semée la patrie des Arts. Il admira les
statues, les fresques, les tableaux ; et, plein
d'émulation, il vint à Rome, en proie au désir

d'inscrire son nom entre les noms de Michel-
Ange et de M. Bouchardon. Aussi, pendant
les premiers mois, partagea-t-il son temps
entre ses travaux d'atelier et l'examen des
œuvres d'art qui abondent à Rome. Il avait
déjà passé quinze jours dans l'état d'extase
qui saisit toutes les jeunes imaginations à
l'aspect de la reine des ruines, quand, un
soir, il entra au théâtre d'*Argentina*, devant
lequel se pressait une grande foule. Il s'en-
quit des causes de cette affluence, et le
monde répondit par deux noms : '' Zambinella ! Jomelli ! '' Il entre et s'assied au par-
terre, pressé par deux *abbati* notablement
gros ; mais il était assez heureusement placé
près de la scène. La toile se leva. Pour la
première fois de sa vie il entendit cette musique dont M. Jean-Jacques Rousseau lui
avait si éloquemment vanté les délices, pendant une soirée du baron d'Holbach. Les sens
du jeune sculpteur furent, pour ainsi dire,
lubrifiés par les accents de la sublime har-
monie de Jomelli. Les langoureuses origina-
lités de ces voix italiennes habilement
mariées le plongèrent dans une ravissante
extase. Il resta muet, immobile, ne se sentant
pas même foulé par deux prêtres. Son âme
passa dans ses oreilles et dans ses yeux. Il
crut écouter par chacun de ses pores. Tout
à coup des applaudissements à faire crouler
la salle accueillirent l'entrée en scène de la

prima donna. Elle s'avança par coquetterie
sur le devant du théâtre, et salua le public
avec une grâce infinie. Les lumières, l'enthousiasme de tout un peuple, l'illusion de
la scène, les prestiges d'une toilette qui, à
cette époque, était assez engageante, conspi-
rèrent en faveur de cette femme. Sarrasine
poussa des cris de plaisir. Il admirait en ce
moment la beauté idéale de laquelle il avait
jusqu'alors cherché çà et là les perfections
dans la nature, en demandant à un modèle,
souvent ignoble, les rondeurs d'une jambe
accomplie ; à tel autre, les contours du sein ;
à celui-là, ses blanches épaules ; prenant enfin le cou d'une jeune fille, et les mains de
cette femme, et les genoux polis de cet enfant, sans rencontrer jamais sous le ciel froid
de Paris les riches et suaves créations de la
Grèce antique. La Zambinella lui montrait
réunies, bien vivantes et délicates, ces ex-
quises proportions de la nature féminine si
ardemment désirées, desquelles un sculpteur
est, tout à la fois, le juge le plus sévère et le
plus passionné. C'était une bouche expres-
sive, des yeux d'amour, un teint d'une blancheur éblouissante. Et joignez à ces détails,
qui eussent ravi un peintre, toutes les mer-
veilles des Vénus révérées et rendues par le
ciseau des Grecs. L'artiste ne se lassait pas
d'admirer la grâce inimitable avec laquelle
les bras étaient attachés au buste, la rondeur

prestigieuse du cou, les lignes harmonieuse-
ment décrites par les sourcils, par le nez,
puis l'ovale parfait du visage, la pureté de
ses contours vifs, et l'effet de cils fournis,
recourbés qui terminaient de larges et voluptueuses paupières. C'était plus qu'une
femme, c'était un chef-d'œuvre ! Il se trouvait dans cette création inespérée de l'amour
à ravir tous les hommes, et des beautés
dignes de satisfaire un critique. Sarrasine
dévorait des yeux la statue de Pygmalion,
pour lui descendue de son piédestal. Quand
la Zambinella chanta, ce fut un délire. L'artiste eut froid ; puis, il sentit un foyer qui
pétilla soudain dans les profondeurs de son
être intime, de ce que nous nommons le
cœur, faute de mot ! Il n'applaudit pas, il ne
dit rien, il éprouvait un mouvement de folie,
espèce de frénésie qui ne nous agite qu'à cet
âge où le désir a je ne sais quoi de terrible
et d'infernal. Sarrasine voulait s'élancer sur
le théâtre et s'emparer de cette femme. Sa
force, centuplée par une dépression morale
impossible à expliquer, puisque ces phéno-
mènes se passent dans une sphère inaccessible à l'observation humaine, tendait à se
projeter avec une violence douloureuse. À le
voir, on eût dit d'un homme froid et stupide.
Gloire, science, avenir, existence, cou-
ronnes, tout s'écroula. « Etre aimé d'elle, ou
mourir », tel fut l'arrêt que Sarrasine porta

sur lui-même. Il était si complètement ivre qu'il ne voyait plus ni salle, ni spectateurs, ni acteurs, n'entendait plus de musique. Bien mieux, il n'existait pas de distance entre lui et la Zambinella, il la possédait, ses yeux, attachés sur elle, s'emparaient d'elle. Une puissance presque diabolique lui permettait de sentir le vent de cette voix, de respirer la poudre embaumée dont ces cheveux étaient imprégnés, de voir les méplats de ce visage, d'y compter les veines bleues qui en nuançaient la peau satinée. Enfin cette voix agile, fraîche et d'un timbre argenté, souple comme un fil auquel le moindre souffle d'air donne une forme, qu'il roule et déroule, développe et disperse, cette voix attaquait si vivement son âme qu'il laissa plus d'une fois échapper de ces cris involontaires arrachés par les délices convulsives trop rarement données par les passions humaines. Bientôt il fut obligé de quitter le théâtre. Ses jambes tremblantes refusaient presque de le soutenir. Il était abattu, faible comme un homme nerveux qui s'est livré à quelque effroyable colère. Il avait eu tant de plaisir, ou peut-être avait-il tant souffert, que sa vie s'était écoulée comme l'eau d'un vase renversé par un choc. Il sentait en lui un vide, un anéantissement semblable à ces atonies qui désespèrent les convalescents au sortir d'une forte maladie. Envahi par une tristesse inexpli-

cable, il alla s'asseoir sur les marches d'une
église. Là, le dos appuyé contre une colonne,
il se perdit dans une méditation confuse
comme un rêve. La passion l'avait foudroyé.
De retour au logis, il tomba dans un de ces
paroxysmes d'activité qui nous révèlent la
présence de principes nouveaux dans notre
existence. En proie à cette première fièvre
d'amour qui tient autant au plaisir qu'à la
douleur, il voulut tromper son impatience et
son délire en dessinant la Zambinella de mémoire. Ce fut une sorte de méditation ma-
térielle. Sur telle feuille, la Zambinella se
trouvait dans cette attitude, calme et froide
en apparence, affectionnée par Raphaël, par
le Giorgion et par tous les grands peintres.
Sur telle autre, elle tournait la tête avec
finesse en achevant une roulade, et semblait
s'écouter elle-même. Sarrasine crayonna sa
maîtresse dans toutes les poses : il la fit sans
voile, assise, debout, couchée, ou chaste ou
amoureuse, en réalisant, grâce au délire de
ses crayons, toutes les idées capricieuses qui
sollicitent notre imagination quand nous pensons fortement à une maîtresse. Mais sa pensée furieuse alla plus loin que le dessin. Il
voyait la Zambinella, lui parlait, la suppliait,
épuisait mille années de vie et de bonheur
avec elle, en la plaçant dans toutes les situa-
tions imaginables, en essayant, pour ainsi
dire, l'avenir avec elle. Le lendemain, il en-

voya son laquais louer, pour toute la saison,
une loge voisine de la scène. Puis, comme
tous les jeunes gens dont l'âme est puissante,
il s'exagéra les difficultés de son entreprise,
et donna, pour première pâture à sa passion,
le bonheur de pouvoir admirer sa maîtresse
sans obstacles. Cet âge d'or de l'amour, pendant lequel nous jouissons de notre propre
sentiment et où nous nous trouvons heureux
presque par nous-mêmes, ne devait pas durer
longtemps chez Sarrasine. Cependant les
événements le surprirent quand il était encore sous le charme de cette printanière hal-
lucination, aussi naïve que voluptueuse.
Pendant une huitaine de jours, il vécut toute
une vie, occupé le matin à pétrir la glaise à
l'aide de laquelle il réussissait à copier la
Zambinella, malgré les voiles, les jupes, les
corsets et les nœuds de rubans qui la lui
dérobaient. Le soir, installé de bonne heure
dans sa loge, seul, couché sur un sofa, il se
faisait, semblable à un Turc enivré d'opium,
un bonheur aussi fécond, aussi prodigue qu'il
le souhaitait. D'abord il se familiarisa gra-
duellement avec les émotions trop vives que
lui donnait le chant de sa maîtresse ; puis il
apprivoisa ses yeux à la voir, et finit par la
contempler sans redouter l'explosion de la
sourde rage par laquelle il avait été animé le
premier jour. Sa passion devint plus profonde en devenant plus tranquille. Du reste,

le farouche sculpteur ne souffrait pas que sa
solitude, peuplée d'images, parée des fantai-
sies de l'espérance et pleine de bonheur, fût
troublée par ses camarades. Il aimait avec
tant de force et si naïvement qu'il eut à subir
les innocents scrupules dont nous sommes
assaillis quand nous aimons pour la première
fois. En commençant à entrevoir qu'il faudrait bientôt agir, s'intriguer, demander où
demeurait la Zambinella, savoir si elle avait
une mère, un oncle, un tuteur, une famille ;
en songeant enfin aux moyens de la voir, de
lui parler, il sentait son cœur se gonfler si
fort à des idées si ambitieuses, qu'il remettait
ces soins au lendemain, heureux de ses souf-
frances physiques autant que de ses plaisirs
intellectuels.

   – Mais, me dit Mme de Rochefide en m'in-
terrompant, je ne vois encore ni Marianina
ni son petit vieillard.

   – Vous ne voyez que lui, m'écriai-je im-
patienté comme un auteur auquel on fait
manquer l'effet d'un coup de théâtre. Depuis
quelques jours, repris-je après une pause,
Sarrasine était si fidèlement venu s'installer
dans sa loge, et ses regards exprimaient tant
d'amour, que sa passion pour la voix de
Zambinella aurait été la nouvelle de tout
Paris, si cette aventure s'y fût passée ; mais
en Italie, madame, au spectacle, chacun y
assiste pour son compte, avec ses passions,

avec un intérêt de cœur qui exclut l'espion-
nage des lorgnettes. Cependant la frénésie
du sculpteur ne devait pas échapper longtemps aux regards des chanteurs et des cantatrices. Un soir, le Français s'aperçut qu'on
riait de lui dans les coulisses. Il eût été difficile de savoir à quelles extrémités il se serait
porté, si la Zambinella n'était pas entrée en
scène. Elle jeta sur Sarrasine un des coups
d'œil éloquents qui disent souvent beaucoup
plus de choses que les femmes ne le veulent.
Ce regard fut toute une révélation. Sarrasine
était aimé ! `` Si ce n'est qu'un caprice,
pensa-t-il en accusant déjà sa maîtresse de
trop d'ardeur, elle ne connaît pas la domi-
nation sous laquelle elle va tomber. Son caprice durera, j'espère, autant que ma vie. ''
En ce moment, trois coups légèrement
frappés à la porte de sa loge excitèrent l'attention de l'artiste. Il ouvrit. Une vieille
femme entra mystérieusement. `` Jeune
homme, dit-elle, si vous voulez être heureux,
ayez de la prudence, enveloppez-vous d'une
cape, abaissez sur vos yeux un grand cha-
peau ; puis, vers dix heures du soir, trouvez-
vous dans la rue du Corso, devant l'hôtel
d'Espagne. – J'y serai '', répondit-il en mettant deux louis dans la main ridée de la
duègne. Il s'échappa de sa loge, après avoir
fait un signe d'intelligence à la Zambinella,
qui baissa timidement ses voluptueuses pau-

pières comme une femme heureuse d'être
enfin comprise. Puis il courut chez lui, afin
d'emprunter à la toilette toutes les séductions qu'elle pourrait lui prêter. En sortant
du théâtre, un inconnu l'arrêta par le bras.
" Prenez garde à vous, seigneur français, lui
dit-il à l'oreille. Il s'agit de vie et de mort.
Le cardinal Cicognara est son protecteur, et
ne badine pas. " Quand un démon aurait mis
entre Sarrasine et la Zambinella les profondeurs de l'enfer, en ce moment il eût tout
traversé d'une enjambée. Semblable aux chevaux des immortels peints par Homère,
l'amour du sculpteur avait franchi en un clin
d'œil d'immenses espaces. " La mort dût-elle
m'attendre au sortir de la maison, j'irais encore plus vite, répondit-il. – *Poverino !* "
s'écria l'inconnu en disparaissant. Parler de
danger à un amoureux, n'est-ce pas lui
vendre des plaisirs ? Jamais le laquais de
Sarrasine n'avait vu son maître si minutieux
en fait de toilette. Sa plus belle épée, présent
de Bouchardon, le nœud que Clotilde lui
avait donné, son habit pailleté, son gilet de
drap d'argent, sa tabatière d'or, ses montres
précieuses, tout fut tiré des coffres, et il se
para comme une jeune fille qui doit se pro-
mener devant son premier amant. A l'heure
dite, ivre d'amour et bouillant d'espérance,
Sarrasine, le nez dans son manteau, courut
au rendez-vous donné par la vieille. La

duègne attendait. ''Vous avez bien tardé ! lui dit-elle. Venez. '' Elle entraîna le Français dans plusieurs petites rues, et s'arrêta devant un palais d'assez belle apparence. Elle frappa. La porte s'ouvrit. Elle conduisit Sarrasine à travers un labyrinthe d'escaliers, de galeries et d'appartements qui n'étaient éclairés que par les lueurs incertaines de la lune, et arriva bientôt à une porte, entre les fentes de laquelle s'échappaient de vives lumières, d'où partaient de joyeux éclats de plusieurs voix. Tout à coup Sarrasine fut ébloui, quand, sur un mot de la vieille, il fut admis dans ce mystérieux appartement, et se trouva dans un salon aussi brillamment éclairé que somptueusement meublé, au milieu duquel s'élevait une table bien servie, chargée de sacro-saintes bouteilles, de riants flacons dont les facettes rougies étincelaient. Il reconnut les chanteurs et les cantatrices du théâtre, mêlés à des femmes charmantes, tous prêts à commencer une orgie d'artistes qui n'attendait plus que lui. Sarrasine réprima un mouvement de dépit, et fit bonne contenance. Il avait espéré une chambre mal éclairée, sa maîtresse auprès d'un brasier, un jaloux à deux pas, la mort et l'amour, des confidences échangées à voix basse, cœur à cœur, des baisers périlleux, et les visages si voisins, que les cheveux de la Zambinella eussent caressé son front chargé de désirs, brûlant de bonheur. " Vive la folie ! s'écria-t-il. *Signori e belle donne*, vous me permettrez de prendre plus tard ma revanche, et de vous témoigner ma reconnaissance pour la manière dont vous accueillez un pauvre sculpteur. " Après avoir reçu les compliments assez affectueux de la plupart des personnes présentes, qu'il connaissait de vue, il tâcha de s'approcher de la bergère sur laquelle la Zambinella était nonchalamment étendue. Oh ! comme son cœur battit quand il aperçut un pied mignon, chaussé de ces mules qui, permettez-moi de le dire, madame, donnaient jadis au pied des femmes une expression si coquette, si voluptueuse, que je ne sais pas comment les hommes y pouvaient résister. Les bas blancs bien tirés et à coins verts, les jupes courtes, les mules pointues et à talons hauts du règne de Louis XV ont peut-être un peu contribué à démoraliser l'Europe et le clergé.

– Un peu ! dit la marquise. Vous n'avez donc rien lu ?

– La Zambinella, repris-je en souriant, s'était effrontément croisé les jambes, et agitait en badinant celle qui se trouvait dessus, attitude de duchesse, qui allait bien à son genre de beauté capricieuse et pleine d'une certaine mollesse engageante. Elle avait quitté ses habits de théâtre, et portait un corps qui dessinait une taille svelte et que

faisaient valoir des paniers et une robe de
satin brodée de fleurs bleues. Sa poitrine,
dont une dentelle dissimulait les trésors par
un luxe de coquetterie, étincelait de blancheur. Coiffée à peu près comme se coiffait
Mme du Barry, sa figure, quoique surchargée
d'un large bonnet, n'en paraissait que plus
mignonne, et la poudre lui seyait bien. La
voir ainsi, c'était l'adorer. Elle souriait gra-
cieusement au sculpteur. Sarrasine, tout mé-
content de ne pouvoir lui parler que devant
témoins, s'assit poliment près d'elle, et l'en-
tretint de musique en la louant sur son pro-
digieux talent ; mais sa voix tremblait
d'amour, de crainte et d'espérance. '' Que
craignez-vous ? lui dit Vitagliani, le chanteur
le plus célèbre de la troupe. Allez, vous
n'avez pas un seul rival à craindre ici. '' Le
ténor sourit silencieusement. Ce sourire se
répéta sur les lèvres de tous les convives,
dont l'attention avait une certaine malice
cachée dont ne devait pas s'apercevoir un
amoureux. Cette publicité fut comme un
coup de poignard que Sarrasine aurait sou-
dainement reçu dans le cœur. Quoique doué
d'une certaine force de caractère, et bien
qu'aucune circonstance ne dût influer sur
son amour, il n'avait peut-être pas encore
songé que Zambinella était presque une
courtisane, et qu'il ne pouvait pas avoir tout
à la fois les jouissances pures qui rendent

l'amour d'une jeune fille chose si délicieuse, et les emportements fougueux par lesquels une femme de théâtre fait acheter les trésors de sa passion. Il réfléchit et se résigna. Le souper fut servi. Sarrasine et la Zambinella se mirent sans cérémonie à côté l'un de l'autre. Pendant la moitié du festin, les artistes gardèrent quelque mesure et le sculpteur put causer avec la cantatrice. Il lui trouva de l'esprit, de la finesse ; mais elle était d'une ignorance surprenante, et se montra faible et superstitieuse. La délicatesse de ses organes se reproduisait dans son entendement. Quand Vitagliani déboucha la première bouteille de vin de Champagne, Sarrasine lut dans les yeux de sa voisine une crainte assez vive de la petite détonation produite par le dégagement du gaz. Le tressaillement involontaire de cette organisation féminine fut interprété par l'amoureux artiste comme l'indice d'une excessive sensibilité. Cette faiblesse charma le Français. Il entre tant de protection dans l'amour d'un homme ! '' Vous disposerez de ma puissance comme d'un bouclier ! '' Cette phrase n'est-elle pas écrite au fond de toutes les déclarations d'amour ? Sarrasine, trop passionné pour débiter des galanteries à la belle Italienne, était, comme tous les amants, tour à tour grave, rieur ou recueilli. Quoiqu'il parût écouter les convives, il n'entendait pas un

mot de ce qu'ils disaient, tant il s'adonnait
au plaisir de se trouver près d'elle, de lui
effleurer la main, de la servir. Il nageait dans
une joie secrète. Malgré l'éloquence de
quelques regards mutuels, il fut étonné de la
réserve dans laquelle la Zambinella se tint
avec lui. Elle avait bien commencé la première à lui presser le pied et à l'agacer avec
la malice d'une femme libre et amoureuse ;
mais soudain elle s'était enveloppée dans une
modestie de jeune fille, après avoir entendu
raconter par Sarrasine un trait qui peignit
l'excessive violence de son caractère. Quand
le souper devint une orgie, les convives se
mirent à chanter, inspirés par le peralta et
le pedro ximenès. Ce furent des duos ravis-
sants, des airs de la Calabre, des seguidilles
espagnoles, des canzonettes napolitaines.
L'ivresse était dans tous les yeux, dans la
musique, dans les cœurs et dans les voix. Il
déborda tout à coup une vivacité enchanteresse, un abandon cordial, une bonhomie
italienne dont rien ne peut donner l'idée à
ceux qui ne connaissent que les assemblées
de Paris, les raouts de Londres ou les cercles
de Vienne. Les plaisanteries et les mots
d'amour se croisaient, comme des balles
dans une bataille, à travers les rires, les im-
piétés, les invocations à la sainte Vierge ou
al Bambino. L'un se coucha sur un sofa, et
se mit à dormir. Une jeune fille écoutait une

déclaration sans savoir qu'elle répandait du
vin de Xérès sur la nappe. Au milieu de ce
désordre, la Zambinella, comme frappée de
terreur, resta pensive. Elle refusa de boire,
mangea peut-être un peu trop ; mais la gourmandise est, dit-on, une grâce chez les
femmes. En admirant la pudeur de sa maîtresse, Sarrasine fit de sérieuses réflexions
pour l'avenir. « Elle veut sans doute être
épousée », se dit-il. Alors il s'abandonna aux
délices de ce mariage. Sa vie entière ne lui
semblait pas assez longue pour épuiser la
source de bonheur qu'il trouvait au fond de
son âme. Vitagliani, son voisin, lui versa si
souvent à boire que, vers les trois heures du
matin, sans être complètement ivre, Sarrasine se trouva sans force contre son délire.
Dans un moment de fougue, il emporta cette
femme en se sauvant dans une espèce de
boudoir qui communiquait au salon, et sur
la porte duquel il avait plus d'une fois tourné
les yeux. L'Italienne était armée d'un poignard. '' Si tu approches, dit-elle, je serai
forcée de te plonger cette arme dans le cœur.
Va ! tu me mépriserais. J'ai conçu trop de
respect pour ton caractère pour me livrer
ainsi. Je ne veux pas déchoir du sentiment
que tu m'accordes. – Ah ! ah ! dit Sarrasine,
c'est un mauvais moyen pour éteindre une
passion que de l'exciter. Es-tu donc déjà
corrompue à ce point que, vieille de cœur,

tu agirais comme une jeune courtisane, qui
aiguise les émotions dont elle fait
commerce ? – Mais c'est aujourd'hui vendredi '', répondit-elle effrayée de la violence
du Français. Sarrasine, qui n'était pas dévot,
se prit à rire. La Zambinella bondit comme
un jeune chevreuil et s'élança dans la salle
du festin. Quand Sarrasine y apparut courant
après elle, il fut accueilli par un rire infernal.
Il vit la Zambinella évanouie sur un sofa. Elle
était pâle et comme épuisée par l'effort
extraordinaire qu'elle venait de faire.
Quoique Sarrasine sût peu d'italien, il entendit sa maîtresse disant à voix basse à Vitagliani : '' Mais il me tuera ! '' Cette scène
étrange rendit le sculpteur tout confus. La
raison lui revint. Il resta d'abord immobile,
puis il retrouva la parole, s'assit auprès de
sa maîtresse et protesta de son respect. Il
trouva la force de donner le change à sa
passion en disant à cette femme les discours
les plus exaltés ; et, pour peindre son amour,
il déploya les trésors de cette éloquence ma-
gique, officieux interprète que les femmes
refusent rarement de croire. Au moment où
les premières lueurs du matin surprirent les
convives, une femme proposa d'aller à Frascati. Tous accueillirent par de vives acclamations l'idée de passer la journée à la villa
Ludovisi. Vitagliani descendit pour louer des
voitures. Sarrasine eut le bonheur de

conduire la Zambinella dans un phaéton. Une
fois sortis de Rome, la gaieté, un moment
réprimée par les combats que chacun avait
livrés au sommeil, se réveilla soudain.
Hommes et femmes, tous paraissaient habitués à cette vie étrange, à ces plaisirs continus, à cet entraînement d'artiste qui fait de
la vie une fête perpétuelle où l'on rit sans
arrière-pensées. La compagne du sculpteur
était la seule qui parût abattue. '' Êtes-vous
malade ? lui dit Sarrasine. Aimeriez-vous
mieux rentrer chez vous ? – Je ne suis pas
assez forte pour supporter tous ces excès,
répondit-elle. J'ai besoin de grands ménage-
ments ; mais, près de vous, je me sens si
bien ! Sans vous, je ne serais pas restée à ce
souper ; une nuit passée me fait perdre toute
ma fraîcheur. – Vous êtes si délicate ! reprit
Sarrasine en contemplant les traits mignons
de cette charmante créature. – Les orgies
m'abîment la voix. – Maintenant que nous
sommes seuls, s'écria l'artiste, et que vous
n'avez plus à craindre l'effervescence de ma
passion, dites-moi que vous m'aimez. – Pourquoi ? répliqua-t-elle, à quoi bon ? Je vous ai
semblé jolie. Mais vous êtes français, et votre
sentiment passera. Oh ! vous ne m'aimeriez
pas comme je voudrais être aimée. –
Comment ! – Sans but de passion vulgaire,
purement. J'abhorre les hommes encore plus
peut-être que je ne hais les femmes. J'ai

besoin de me réfugier dans l'amitié. Le
monde est désert pour moi. Je suis une créature maudite, condamnée à comprendre le
bonheur, à le sentir, à le désirer, et, comme
tant d'autres, forcée à le voir me fuir à toute
heure. Souvenez-vous, seigneur, que je ne
vous aurai pas trompé. Je vous défends de
m'aimer. Je puis être un ami dévoué pour
vous, car j'admire votre force et votre caractère. J'ai besoin d'un frère, d'un protecteur.
Soyez tout cela pour moi, mais rien de plus.
– Ne pas vous aimer ! s'écria Sarrasine ;
mais, chère ange, tu es ma vie, mon bonheur ! – Si je disais un mot vous me repous-
seriez avec horreur. – Coquette ! rien ne peut
m'effrayer. Dis-moi que tu me coûteras l'avenir, que dans deux mois je mourrai, que je
serai damné pour t'avoir seulement embras-
sée. '' Il l'embrassa malgré les efforts que fit
la Zambinella pour se soustraire à ce baiser
passionné. '' Dis-moi que tu es un démon,
qu'il te faut ma fortune, mon nom, toute ma
célébrité ! Veux-tu que je ne sois pas sculpteur ? Parle. – Si je n'étais pas une femme ?
demanda timidement la Zambinella d'une
voix argentine et douce. – La bonne plaisan-
terie ! s'écria Sarrasine. Crois-tu pouvoir
tromper l'œil d'un artiste ? N'ai-je pas, depuis dix jours, dévoré, scruté, admiré tes
perfections ? Une femme seule peut avoir ce
bras rond et moelleux, ces contours élégants.

Ah ! tu veux des compliments ! '' Elle sourit tristement, et dit en murmurant : '' Fatale beauté ! '' Elle leva les yeux au ciel. En ce moment son regard eut je ne sais quelle expression d'horreur si puissante, si vive, que Sarrasine en tressaillit. '' Seigneur Français, reprit-elle, oubliez à jamais un instant de votre folie. Je vous estime ; mais, quant à de l'amour, ne m'en demandez pas ; ce sentiment est étouffé dans mon cœur. Je n'ai pas de cœur ! s'écria-t-elle en pleurant. Le théâtre sur lequel vous m'avez vue, ces applaudissements, cette musique, cette gloire, à laquelle on m'a condamnée, voilà ma vie, je n'en ai pas d'autre. Dans quelques heures vous ne me verrez plus des mêmes yeux, la femme que vous aimez sera morte. '' Le sculpteur ne répondit pas. Il était la proie d'une sourde rage qui lui pressait le cœur. Il ne pouvait que regarder cette femme extraordinaire avec des yeux enflammés qui brûlaient. Cette voix empreinte de faiblesse, l'attitude, les manières et les gestes de Zambinella, marqués de tristesse, de mélancolie et de découragement, réveillaient dans son âme toutes les richesses de la passion. Chaque parole était un aiguillon. En ce moment, ils étaient arrivés à Frascati. Quand l'artiste tendit les bras à sa maîtresse pour l'aider à descendre, il la sentit toute frissonnante. '' Qu'avez-vous ? Vous me feriez mourir, s'écria-t-il en la voyant pâlir, si vous aviez la moindre douleur dont je fusse la cause même innocente. – Un serpent ! dit-elle en montrant une couleuvre qui se glissait le long d'un fossé. J'ai peur de ces odieuses bêtes. '' Sarrasine écrasa la tête de la couleuvre d'un coup de pied. '' Comment avez-vous assez de courage ! reprit la Zambinella en contemplant avec un effroi visible le reptile mort. – Eh bien, dit l'artiste en souriant, oserez-vous bien prétendre que vous n'êtes pas femme ? '' Ils rejoignirent leurs compagnons et se promenèrent dans les bois de la villa Ludovisi, qui appartenait alors au cardinal Cicognara. Cette matinée s'écoula trop vite pour l'amoureux sculpteur, mais elle fut remplie par une foule d'incidents qui lui dévoilèrent la coquetterie, la faiblesse, la mignardise de cette âme molle et sans énergie. C'était la femme avec ses peurs soudaines, ses caprices sans raison, ses troubles instinctifs, ses audaces sans cause, ses bravades et sa délicieuse finesse de sentiment. Il y eut un moment où s'aventurant dans la campagne, la petite troupe des joyeux chanteurs vit de loin quelques hommes armés jusqu'aux dents, et dont le costume n'avait rien de rassurant. A ce mot : '' Voici des brigands '', chacun doubla le pas pour se mettre à l'abri dans l'enceinte de la villa du cardinal. En cet instant critique, Sarrasine s'aperçut à la pâ-

leur de la Zambinella qu'elle n'avait plus
assez de force pour marcher ; il la prit dans
ses bras et la porta, pendant quelque temps,
en courant. Quand il se fut rapproché d'une
vigne voisine, il mit sa maîtresse à terre.
'' Expliquez-moi, lui dit-il, comment cette ex-
trême faiblesse qui, chez toute autre femme,
serait hideuse, me déplairait, et dont la
moindre preuve suffirait presque pour
éteindre mon amour, en vous me plaît, me
charme ? – Oh ! combien je vous aime ! reprit-il. Tous vos défauts, vos terreurs, vos
petitesses ajoutent je ne sais quelle grâce à
votre âme. Je sens que je détesterais une
femme forte, une Sapho, courageuse, pleine
d'énergie, de passion. Ô frêle et douce créature ! comment peux-tu être autrement ?
Cette voix d'ange, cette voix délicate, eût
été un contresens si elle fût sortie d'un corps
autre que le tien. – Je ne puis, dit-elle, vous
donner aucun espoir. Cessez de me parler
ainsi, car l'on se moquerait de vous. Il m'est
impossible de vous interdire l'entrée du
théâtre ; mais si vous m'aimez ou si vous
êtes sage, vous n'y viendrez plus. Écoutez,
monsieur, dit-elle d'une voix grave. – Oh !
tais-toi, dit l'artiste enivré. Les obstacles
attisent l'amour dans mon cœur. '' La Zambinella resta dans une attitude gracieuse et
modeste ; mais elle se tut, comme si une
pensée terrible lui eût révélé quelque mal-

heur. Quand il fallut revenir à Rome, elle
monta dans une berline à quatre places, en
ordonnant au sculpteur, d'un air impérieu-
sement cruel, d'y retourner seul avec le
phaéton. Pendant le chemin, Sarrasine ré-
solut d'enlever la Zambinella. Il passa toute
la journée occupé à former des plans plus
extravagants les uns que les autres. A la nuit
tombante, au moment où il sortit pour aller
demander à quelques personnes où était si-
tué le palais habité par sa maîtresse, il ren-
contra l'un de ses camarades sur le seuil de
la porte. '' Mon cher, lui dit ce dernier, je
suis chargé par notre ambassadeur de t'in-
viter à venir ce soir chez lui. Il donne un
concert magnifique, et quand tu sauras que
Zambinella y sera... – Zambinella ! s'écria
Sarrasine en délire à ce nom, j'en suis fou.
– Tu es comme tout le monde, lui répondit
son camarade. – Mais si vous êtes mes amis,
toi, Vien, Lautherbourg et Allegrain, vous
me prêterez votre assistance pour un coup
de main après la fête, demanda Sarrasine. –
Il n'y a pas de cardinal à tuer, pas de... –
Non, non, dit Sarrasine, je ne vous demande
rien que d'honnêtes gens ne puissent faire. ''
En peu de temps le sculpteur disposa tout
pour le succès de son entreprise. Il arriva
l'un des derniers chez l'ambassadeur, mais
il y vint dans une voiture de voyage attelée
de chevaux vigoureux menés par l'un des

plus entreprenants *vetturini* de Rome. Le palais de l'ambassadeur étant plein de monde, ce ne fut pas sans peine que le sculpteur, inconnu à tous les assistants, parvint au salon où dans ce moment Zambinella chantait. " C'est sans doute par égard pour les cardinaux, les évêques et les abbés qui sont ici, demanda Sarrasine, qu'*elle* est habillée en homme, qu'elle a une bourse derrière la tête, les cheveux crêpés et une épée de côté ? – Elle ! Qui elle ? répondit le vieux seigneur auquel s'adressait Sarrasine. – La Zambinella. – La Zambinella ? reprit le prince romain. Vous moquez-vous ? D'où venez-vous ? Est-il jamais monté de femme sur les théâtres de Rome ? Et ne savez-vous pas par quelles créatures les rôles de femme sont remplis dans les Etats du pape ? C'est moi, monsieur, qui ai doté Zambinella de sa voix. J'ai tout payé à ce drôle-là, même son maître à chanter. Eh bien, il a si peu de reconnaissance du service que je lui ai rendu, qu'il n'a jamais voulu remettre les pieds chez moi. Et cependant, s'il fait fortune, il me la devra tout entière. " Le prince Chigi aurait pu parler, certes, longtemps, Sarrasine ne l'écoutait pas. Une affreuse vérité avait pénétré dans son âme. Il était frappé comme d'un coup de foudre. Il resta immobile, les yeux attachés sur le prétendu chanteur. Son regard flamboyant eut une sorte d'influence magnétique sur Zambinella, car le *musico* finit par détourner subitement la vue vers Sarrasine, et alors sa voix céleste s'altéra. Il trembla ! Un murmure involontaire échappé à l'assemblée, qu'il tenait comme attachée à ses lèvres, acheva de le troubler ; il s'assit, et discontinua son air. Le cardinal Cicognara, qui avait épié du coin de l'œil la direction que prit le regard de son protégé, aperçut alors le Français ; il se pencha vers un de ses aides de camp ecclésiastiques, et parut demander le nom du sculpteur. Quand il eut obtenu la réponse qu'il désirait, il contempla fort attentivement l'artiste, et donna des ordres à un abbé, qui disparut avec prestesse. Cependant Zambinella, s'étant remis, recommença le morceau qu'il avait interrompu si capricieusement ; mais il l'exécuta mal, et refusa, malgré toutes les instances qui lui furent faites, de chanter autre chose. Ce fut la première fois qu'il exerça cette tyrannie capricieuse qui, plus tard, ne le rendit pas moins célèbre que son talent et son immense fortune, due, dit-on, non moins à sa voix qu'à sa beauté. '' C'est une femme, dit Sarrasine en se croyant seul. Il y a là-dessous quelque intrigue secrète. Le cardinal Cicognara trompe le pape et toute la ville de Rome ! '' Aussitôt le sculpteur sortit du salon, rassembla ses amis, et les embusqua dans la cour du palais. Quand Zambinella se

fut assuré du départ de Sarrasine, il parut
recouvrer quelque tranquillité. Vers minuit,
après avoir erré dans les salons, en homme
qui cherche un ennemi, le *musico* quitta
l'assemblée. Au moment où il franchissait la
porte du palais, il fut adroitement saisi par
des hommes qui le bâillonnèrent avec un
mouchoir et le mirent dans la voiture louée
par Sarrasine. Glacé d'horreur, Zambinella
resta dans un coin sans oser faire un mouvement. Il voyait devant lui la figure terrible
de l'artiste qui gardait un silence de mort.
Le trajet fut court. Zambinella, enlevé par
Sarrasine, se trouva bientôt dans un atelier
sombre et nu. Le chanteur, à moitié mort,
demeura sur une chaise, sans oser regarder
une statue de femme, dans laquelle il reconnut ses traits. Il ne proféra pas une parole,
mais ses dents claquaient. Il était transi de
peur. Sarrasine se promenait à grands pas.
Tout à coup il s'arrêta devant Zambinella.
" Dis-moi la vérité, demanda-t-il d'une voix
sourde et altérée. Tu es une femme ? Le
cardinal Cicognara... " Zambinella tomba
sur ses genoux, et ne répondit qu'en baissant
la tête. " Ah ! tu es une femme, s'écria l'artiste en délire ; car même un... " Il n'acheva
pas. " Non, reprit-il, *il* n'aurait pas tant de
bassesse. – Ah ! ne me tuez pas, s'écria Zambinella fondant en larmes. Je n'ai consenti à
vous tromper que pour plaire à mes cama-

rades, qui voulaient rire. – Rire ! répondit le
sculpteur d'une voix qui eut un éclat infernal. Rire, rire ! Tu as osé te jouer d'une
passion d'homme, toi ? – Oh ! grâce ! répli-
qua Zambinella. – Je devrais te faire mourir !
cria Sarrasine en tirant son épée par un mouvement de violence. Mais, reprit-il avec un
dédain froid, en fouillant ton être avec un
poignard, y trouverais-je un sentiment à
éteindre, une vengeance à satisfaire ? Tu n'es
rien. Homme ou femme, je te tuerais !
mais... '' Sarrasine fit un geste de dégoût,
qui l'obligea de détourner sa tête, et alors il
regarda la statue. '' Et c'est une illusion ! ''
s'écria-t-il. Puis se tournant vers Zambinella :
'' Un cœur de femme était pour moi un asile,
une patrie. As-tu des sœurs qui te ressemblent ? Non. Eh bien, meurs ! Mais non,
tu vivras. Te laisser la vie, n'est-ce pas te
vouer à quelque chose de pire que la mort ?
Ce n'est ni mon sang ni mon existence que
je regrette, mais l'avenir et ma fortune de
cœur. Ta main débile a renversé mon bonheur. Quelle espérance puis-je te ravir pour
toutes celles que tu as flétries ? Tu m'as ra-
valé jusqu'à toi. *Aimer, être aimé !* sont
désormais des mots vides de sens pour moi,
comme pour toi. Sans cesse je penserai à
cette femme imaginaire en voyant une
femme réelle. '' Il montra la statue par un
geste de désespoir. '' J'aurai toujours dans

le souvenir une harpie céleste qui viendra enfoncer ses griffes dans tous mes sentiments d'homme, et qui signera toutes les autres femmes d'un cachet d'imperfection ! Monstre ! toi qui ne peux donner la vie à rien, tu m'as dépeuplé la terre de toutes ses femmes. '' Sarrasine s'assit en face du chanteur épouvanté. Deux grosses larmes sortirent de ses yeux secs, roulèrent le long de ses joues mâles et tombèrent à terre : deux larmes de rage, deux larmes âcres et brûlantes. '' Plus d'amour ! je suis mort à tout plaisir, à toutes les émotions humaines. '' A ces mots, il saisit un marteau et le lança sur la statue avec une force si extravagante qu'il la manqua. Il crut avoir détruit ce monument de sa folie, et alors il reprit son épée et la brandit pour tuer le chanteur. Zambinella jeta des cris perçants. En ce moment trois hommes entrèrent, et soudain le sculpteur tomba percé de trois coups de stylet. '' De la part du cardinal Cicognara, dit l'un d'eux. – C'est un bienfait digne d'un chrétien '', répondit le Français en expirant. Ces sombres émissaires apprirent à Zambinella l'inquiétude de son protecteur qui attendait à la porte dans une voiture fermée, afin de pouvoir l'emmener aussitôt qu'il serait délivré.

– Mais, me dit Mme de Rochefide, quel rapport existe-t-il entre cette histoire et le petit vieillard que nous avons vu chez les Lanty ?

– Madame, le cardinal Cicognara se rendit maître de la statue de Zambinella et la fit exécuter en marbre, elle est aujourd'hui dans le musée Albani. C'est là qu'en 1791 la famille Lanty la retrouva, et pria Vien de la copier. Le portrait qui vous a montré Zambinella à vingt ans, un instant après l'avoir vu centenaire, a servi plus tard pour l'*Endymion* de Girodet, vous avez pu en reconnaître le type dans l'Adonis.

– Mais ce ou cette Zambinella ?

– Ne saurait être, madame, que le grand-oncle de Marianina. Vous devez concevoir maintenant l'intérêt que Mme de Lanty peut avoir à cacher la source d'une fortune qui provient...

– Assez ! » dit-elle en me faisant un geste impérieux.

Nous restâmes pendant un moment plongés dans le plus profond silence.

« Hé bien ? lui dis-je.

– Ah ! » s'écria-t-elle en se levant et se promenant à grands pas dans la chambre. Elle vint me regarder, et me dit d'une voix altérée : « Vous m'avez dégoûtée de la vie et des passions pour longtemps. Au monstre près, tous les sentiments humains ne se dénouent-ils pas ainsi, par d'atroces déceptions ? Mères, des enfants nous assassinent ou par leur mauvaise conduite ou par leur froideur. Epouses, nous sommes trahies. Amantes, nous sommes délaissées, abandonnées. L'amitié ! existe-t-elle ? Demain je me ferais dévote si je ne savais pouvoir rester comme un roc inaccessible au milieu des orages de la vie. Si l'avenir du chrétien est encore une illusion, au moins elle ne se détruit qu'après la mort. Laissez-moi seule.

– Ah ! lui dis-je, vous savez punir.

– Aurais-je tort ?

– Oui, répondis-je avec une sorte de courage. En achevant cette histoire, assez connue en Italie, je puis vous donner une haute idée des progrès faits par la civilisation actuelle. On n'y fait plus de ces malheureuses créatures.

– Paris, dit-elle, est une terre bien hospitalière ; il accueille tout, et les fortunes honteuses, et les fortunes ensanglantées. Le crime et l'infamie y ont droit d'asile, rencontrent des sympathies ; la vertu seule y est sans autels. Oui, les âmes pures ont une patrie dans le ciel ! Personne ne m'aura connue ! J'en suis fière. »

Et la marquise resta pensive.

                                    Paris, novembre 1830.

L'HERMAPHRODITE
par
MICHEL SERRES

Juger, décider, voilà le sens premier de l'acte critique. L'exercice d'exégèse sur les livres saints amenait jadis à discerner entre les lectures hérétiques et la leçon orthodoxe. La critique ne quittera plus les tribunaux, ou religieux ou civils, celui de la Raison ou celui du Goût, les médias et l'Université se changeant volontiers en prétoires, où l'on débat de choses et causes – jugement dernier, dernière instance. Le critique, prêtre ou philosophe, juge en tout cas, connaît les codes, la théorie et la méthode, les applique et décide suivant un droit.

Mais pourquoi nos langues disent-elles droit ? Les codes écrits permettent de trancher alors que leur appellation a déjà versé d'un côté de l'espace, des corps et du temps : la balance qui symbolise ou représente la justice penche. Le droit dissimulerait-il sous ce mot tout un passé anthropologique et mystérieux qui préféra pour des mobiles obscurs la main droite à la main gauche ?

Comment s'orienter dans l'espace et la pensée ? Mais ce verbe, injuste, verse encore à l'orient. Notre corps, symétrique, tremble, éperdu. A l'incipit de *Sarrasine*, justement, hésite un corps inquiet, dansant, immobile, d'un pied sur l'autre, droite, gauche, à demi entré au bal, sorti à demi du récit, gardien de l'entrée, préposé aux régions précritiques.

*

Le salon où causent les curieux

Une foule parasite papillonne au bal de l'hôtel Lanty en posant les vraies questions : *Pourquoi ? Comment ? D'où vient-il ? Qui sont-ils ? Qu'y a-t-il ? Qu'a-t-elle fait ?* Balzac énonce le programme canonique de ce qu'on appellera les sciences humaines et châtie en riant les mœurs de la gent curieuse qui en cause. En posant sur une console leur verre vide, ces philosophes se demandent si ceux qui les nourrissent n'ont pas l'air d'assassins. Les parasites se font policiers pour mettre à mort leurs hôtes. Honoré de Balzac prévoit les mœurs des critiques qui vivent des œuvres.

Le génie de la langue française veut que l'adjectif curieux dérive de la cure, surtout médicale, de ses soins attentifs et de sa sollicitude, mais qu'il passe vite, aux oreilles du peuple qui se sait dénoncé ou surveillé, du souci au soupçon ou de l'intérêt à l'indiscrétion avide. Le chercheur curieux, fureteur, fâcheux, inconvenant, manque bientôt de réserve et de retenue, le voilà discourtois, grossier personnage ; ce butor lit les lettres, sonde, fouille dans la vie privée, scrute les secrets de l'enfance et du lit, frappe sans cesse en dessous de la ceinture et dans le compte en banque. Heureux s'il découvre un squelette dans le placard familial. Détective, gabelou, voyeur, il faut bien qu'il ait le droit de poser des questions.

N'y répondez pas, méfiez-vous des curieux. Avez-vous lu dans les journaux ou revues votre vie étalée, le plus souvent à faux ? votre façon de parler, vos revenus et manières amoureuses ? De quel droit vous a-t-on ainsi dépecé ? Pour la science et le vrai, pour le bien des hommes, pour la cure. En fait, pour un salaire ou la gloire scientifique. Avez-vous observé que la curiosité s'exerce constamment sur les morts et sur les faibles sans défense et jamais à propos des puissants ? Les sujets des sciences humaines diffèrent de leurs objets, ce ne sont point les mêmes hommes. Avez-vous rencontré sur la route de Paris un parti de paysans montant sur la capitale pour élucider les usages de leurs administrateurs ? Ou sur les vols vers les États-Unis une école de Zoulous, de Guaranis, allant tenir séminaire sur quelques notables savants d'Amérique ? Jadis les dominants colonisaient les dominés, ils les observent maintenant.

Je voudrais qu'on inscrivît dans les constitutions le droit des hommes et des peuples à refuser d'être étudiés.

Le même génie de la même langue nomme causerie le bavardage à la mode, mondain, savant, social, où justement on cherche les causes. Les curieux causeurs du bal, sur le divan de la médisance, instruisent en fait un procès judiciaire. Causer, accuser : même verbe, même action ; pas d'excuse, même mot : il n'y a pas de hasard, chaque détail, surtout menu, concourt à la cause. Les connaisseurs des reins et des cœurs, experts en médecine, histoire et sociologie, mènent une enquête policière en suivant les bonnes méthodes critiques. *Sarrasine* commence et finit comme une analyse critique en matière d'esthétique et d'œuvre d'art et remonte donc correctement vers les causes, comme un roman policier. Le mot, encore, le prédit : la critique cherche et trouve un crime.

Les questions curieuses des causeurs formulent à nouveau, en les refondant sous le point de vue des sciences humaines, les interrogations énoncées par Emmanuel Kant, quelques années auparavant, quand la philosophie entra dans sa phase critique, c'est-à-dire au tribunal. Nous quittons à peine une période sombre où tout se décidait au-devant d'une dernière instance, préalablement choisie, après enquête curieuse des causes. Les sciences humaines ou sociales et les philosophies ou théories fondées sur celles-ci ne connaissent de méthodes que policières. Voilà le second danger, réel : ceux qui les pratiquent risquent de se conduire comme la méthode ou théorie le dicte.

Or le narrateur de *Sarrasine,* dans l'enquête critique, criminelle et judiciaire, aboutit à la juste cause où n'accède aucun des curieux. Élu donc le meilleur inspecteur ou détective, il relate sa délation auprès de la Rochefide, dont il dit qu'elle sait punir, la désignant par cette description comme tribunal, et comme juge par son nom : rocher de la foi jurée.

*

Minuit, milieu

Quand vous annoncez votre arrivée par le train ou l'avion de minuit, ne manquez pas de spécifier la date et quelque autre précision, car deux chiffres coexistent en ce point ambigu, la fin d'un jour légal et le commencement du suivant, deux nombres, zéro et vingt-quatre, occupant le même lieu ; que vos correspondants aient mal compris le télégramme et vous voilà seul dans les pas-perdus déserts, désorienté. Midi juste, minuit douteux. Le vieux dicton : « Minuit, l'heure du crime » ouvre un alibi raffiné, puisque le mot crime exprime ce qu'on peut juger ou trancher, de même que le terme critique, alors que cette heure seule échappe à la décision. Les douze coups sonnent, hier bascule en aujourd'hui, minuit appartient-il à l'un ou à l'autre ? Le narrateur, qui rêve et va bientôt écrire ou parler, qui observe, assis dans et hors une fenêtre, le jardin et le bal, se tient sur un seuil spatial et temporel, entre deux danses, deux dates et deux mondes, entre la profondeur et la frivolité, enfin ressent le partage de son corps entre la gauche et la droite ; oui, le narrateur cherche à s'orienter.

*

Orphée, retour des enfers, se retourne trop tôt et ne voit derrière lui que le fantôme d'Eurydice évanoui : ainsi que son amante, la musique le fuit. La femme de Lot, fuyant la pluie de pierres et de feu qui submerge et saccage Sodome, se retourne trop tôt et se change en colonne de sel, la statuaire l'atteint. Aucun des deux n'attend le seuil de délivrance, la porte de sortie vers le jour, après lesquels la sculpture s'évanouirait ou la musique adviendrait.

Et si quelqu'un, homme comme Orphée, femme comme l'épouse de Lot, Grec ou Juive, se tenait exactement sur ce bord-là, en équilibre juste entre les Enfers et le monde au soleil, mort et vie, l'horreur lamentable de la destruction et la renaissance, que verrait-il, que ferait-il, qui serait-il ? Amoureux d'Eurydice, Orphée devint pédéraste, dit-on ; hors de la ville sodomite, Lot passe à l'inceste avec ses filles : où définir pour le sexe, de nouveau, un bord ?

Balzac le décrit d'abord : à droite, mort et froid, des arbres imparfaitement couverts de neige dans un jardin, danse macabre pour spectres ou linceuls dans l'ombre sous la lune, nature en deuil ; à gauche, le bal des vivants, de jolies femmes à demi couvertes de fleurs, éclats de voix, murmures mêlés à la musique, yeux vifs, pas voluptueux. A droite, des formes immobiles, gelées, à gauche, la bacchanale. Quelqu'un se tient sur le seuil cherché, une jambe froide dans un cercueil, colonne de sel, une jambe chaude, marquant la mesure, un pied statue, un pied musique. Qui est-il ? Le corps mêlé. Que voit-il ? La frontière de deux tableaux disparates, l'un plaisant, l'autre funèbre, morte et vive. Que fait-il ? Une macédoine morale. Autant dire qu'il comprend, sis au milieu entre deux mondes et deux arts.

Posé là, il n'a pas besoin de sollicitation

forte pour verser de tel ou tel côté où
habitent communément ou l'un ou l'autre,
car il devient, à loisir, celui qu'il voit ou
veut. L'observateur intelligent et compréhen-
sif, équilibré, vibrant, inquiet, gît à l'intersection des frontières et mélange en son
corps les extrêmes. L'imbécile se croit au
centre, le sympathique cherche le point de
fuite des bords. Il est, quand il veut, celui ou
celle qu'il décrit. Même les contradictoires.
Le voici penseur et romancier.

Où trouver le point commun au sculpteur
et à la musicienne ? Et quand le trouver ? A
minuit ?

*

Rien de stable comme une statue, rien de
plus instable que la musique. Elle passe et
coule avec le temps ou, plutôt, le rend sen-
sible. A la répétition, elle diffère, selon l'interprète et les moments, alors que le Sphinx,
têtu, depuis quarante siècles contemple. On
sculptera donc des corps en mouvement, on
composera des ritournelles. Pour observer
ensemble l'idole immobile et la danseuse en
robe de gaze, on découvre un site ou un
point de vue stable et instable à la fois :
pourquoi ne pas le prétendre métastable ?

Le discours logique réunit des contradictoires : vie et mort, l'homme ou la femme,

oui et non ; mais au-delà ou en deçà des paroles et des mots, mieux vaut vivre l'union dans son propre corps. Ainsi le narrateur, ou Balzac lui-même – qu'importe ! – s'oriente : gauche et droite, pieds ou jambes. La femme de Lot et Orphée se retournent. Dans quel sens ?

Rien d'important comme l'orientation, qui décide toujours avant la pensée : à preuve, le mot, qui nous tourne vers l'est en faisant croire à un libre choix. Nous nous orientons par le nord, pourquoi ne nous occidentons-nous pas grâce au sud ? Comme si l'espace avait horreur du sud-ouest. De même le corps s'incline à droite, dans toutes les cultures connues : nous écrivons le droit et le juste selon ce penchant et nous avons l'audace de dire, quand nous ne changeons pas de sens, que nous allons droit. Balzac ou le narrateur choisit intrépidement le côté de la minorité : à droite, la mort, à gauche, la vie, deuil ou joie. Voilà la décision d'un gaucher.

Le gaucher vit dans un monde, physique et humain, dextrogyre, c'est-à-dire tournant vers la droite, comme un paralytique mala-droit qui doit accepter à chaque instant le choix inverse au sien propre. Le plus souvent, il écrit même avec sa mauvaise main. D'où un corps étrangement instable, mais stable pourtant, dans cette liberté. Toujours

contrarié, ou plus ou moins, s'il prend à
droite, il fait le bon choix, mais s'il décide à
gauche, il fait encore le bon choix. Depuis
sa naissance, par sa posture et ses gestes, il
acclimate la tolérance : il comprend tout et
ne peut rien rejeter. Vous ne ferez jamais
d'un gaucher contrarié un fanatique, un mi-
litant, un dogmatique, ni un philosophe de
l'antithèse.

*

Or tout, dans le monde, s'oriente dans un
sens : tournent les atomes, molécules ou cristaux, ainsi que les coquillages enroulés ou
les branches des arbres à l'assaut de leur
tronc, comme nos corps symétriques mais
tirant tout d'un côté, enfin les planètes,
étoiles et galaxies. Je rêve que le terme universel signifiât moins général ou global que
vissé ou tourné dans un sens : l'univers s'en-
tendrait comme la somme des torsions, in-
versions ou conversions, invariante par ces
changements, localement perceptibles. Et le
temps, l'histoire, nos idées ou opinions, le
droit, la morale et la politique s'inclinent
encore de même façon. Ainsi l'orientation,
universelle, concerne les sciences exactes autant que les sciences humaines sans qu'on
puisse décider si cette obliquité, cruciale,
nous vient du monde qui nous assigne dans

ses lignes de force, inertes, vivantes, ou des cultures collectives qui balancent nos connaissances.

Gaucher, sans doute, le narrateur se plonge, corps et âme, dans le monde orienté, humain et cosmique, bal brillant et chaleureux face au côté jardin glacé, paysage et chair dont les parties doubles paraissent contradictoires à première vue, mais que l'attention montre symétriques : la danse des morts y reflète comme dans une glace l'image de la danse des vivants, cristaux de neige face au feu des diamants. Or cette symétrie demande un surcroît d'observation : l'espace, la lumière ou la chaleur, les figures et symboles se partagent autour du seuil de l'hôtel Lanty de même que le corps du sujet assis, pour qui la main gauche s'oppose à la main droite sans pouvoir s'y superposer ; cet événement de symétrie non symétrique où l'identité se mêle à un singulier paradoxe et qui découvre l'altérité la plus raffinée a reçu le nom d'énantiomorphie.

Sarrasine, luxueusement, commence par l'incarnation de cette énantiomorphie mondaine et mondiale, en faisant coïncider tous les axes de symétrie : minuit douteux, le seuil spatial d'une embrasure, le plan milieu du corps propre, le point où les températures se renversent, les lueurs, les bruits et les plai-

sirs, le passage de l'intérieur à l'extérieur ou
du collectif au naturel, la porte de la mort.
Tout se préoriente et va se distribuer d'un
coup à partir du lieu d'où se déploient une
gauche et une droite dans tous les champs
imaginables sans qu'un seul ait préséance sur
aucun des autres. Et puisqu'une jambe gèle
et que l'autre marque la mesure, il vient
qu'en ce lieu, à cet instant et dans ces circonstances, par ce corps, la sculpture rencontre la musique et s'en sépare, comme
énantiomorphes entre elles : voilà déjà l'histoire de Sarrasine et de Zambinella.

Le monde et les corps saturés de miroirs
se multiplient et se divisent, ainsi l'univers
porte sa propre image. Pourquoi oublions-
nous toujours que notre corps se mire mi-
partie dans mi-partie, que notre main gauche
reflète notre main droite, ainsi que le sein,
le pied ou le rein, et que donc, invisible, nous
accompagne une glace passant au milieu de
nous, par le nombril, l'épi et le périnée ? Si
nous nous souvenions de ce miroir qui ne
nous laisse jamais, il nous servirait pour
comprendre la connaissance et l'altérité.

Le sexe, le plus souvent, trouve place au
centre ou sur l'axe, comme si l'orientation
l'enveloppait de la gauche et de la droite. La
glace y passe. Le sens, universel, comprend
ou implique le sexe, plus rare.

Qui suis-je sur cet axe ou sur la surface de

la glace réfléchissante au centre de mon
corps, qui suis-je en des organes sans image,
sans modèle, sans double, sans pareil ? Où
se trouve l'autre et le même dans les parties
jumelles qui se mirent, énantiomorphes,
dans ce miroir ?

*

On connaît beaucoup de lettres capitales
symétriques simplement, le A autour de son
axe vertical, B, C, D, E autour de leur axe
horizontal, mais fort peu d'asymétriques,
telles F, G, J, L, N, etc. Parmi ces dernières,
S et Z tiennent une place singulière pour
jouir en elles-mêmes d'une ordonnance un
peu plus complexe : une rotation autour de
leur centre en fait coïncider les deux moitiés
de sorte qu'on pourrait à la rigueur les voir
symétriques et asymétriques à la fois. De
plus, elles s'opposent entre elles comme dans
un miroir. Les capitales symétriques de-
meurent inchangées par ce reflet alors que
les asymétriques, dirait Alice, prennent
l'autre chemin au pays des merveilles. Au
sens de Lewis Carroll, S dessine l'autre chemin de Z, ou S et Z font ensemble l'une et
l'autre, comme les cavaliers, le huit de
chiffre, ou, comme écrivaient les Grecs, le
chi de la chimère. S gauchère réfléchit Z
droitière. Entre les mains gauche et droite

se glisse le même miroir, ou entre les deux mouvements d'yeux quand ils lisent des textes écrits de gauche à droite ou à l'inverse.

Cet événement d'énantiomorphie qu'on appelait au xviiie siècle le paradoxe des objets symétriques et non congruents a donné à Kant l'occasion de méditer, entre 1770 et 1786, sur un espace irréductible aux opérations de la logique puisqu'on y rencontre de telles obstructions. Mais le plan de symétrie ou la surface de la glace réfléchissante ne sépare à ses yeux que des mains exemplaires et le conduit, par les mathématiques, vers la connaissance pure. Un demi-siècle plus tard, Balzac, lancé lui aussi dans une voie critique à propos des beaux-arts, retrouve la question de l'orientation, la complète et la prolonge vers le champ de ce qu'on appellera les sciences humaines, l'observation sociale, l'épaisseur du sentiment, le foisonnement des symboles et le rôle de la langue : le narrateur contemple, rêve, reste dans l'intimité organique mais va jusqu'à la généralité de l'orientation, le plus concrètement possible, avant de produire son récit. En tout cas, Balzac et Kant enseignent ensemble qu'il n'y a pas de connaissance pour celui-ci ni de production pour celui-là qui ne commencent sans le corps entier, repéré dans le monde, comme s'il y avait du sens avant le langage.

De ce site corporel où tous les organes prennent place jaillit le texte, qui s'écrit de gauche à droite en mêlant au hasard des lettres symétriques, énantiomorphes et asymétriques.

*

Kant appelle la géométrie au secours de la logique défaillante parce qu'il faut une théorie supplémentaire pour les événements de symétrie autour du miroir : il faudra plus tard une esthétique avant l'analytique. Balzac plongé corps et mains dans cet espace n'a pas le recours à ce formalisme rigoureux. Il décrit soigneusement un même partage de symétriques mais opposés, chaud et froid, deuil et joie, danse et danse, mouvement et fixité rigide, que les tropes ou figures de rhétorique comme l'antithèse ne suffisent pas à décrire. L'antithèse sort d'une logique trop pauvre pour exprimer les faits d'orientation. D'où l'appel un peu aveugle à un algorithme propre : non point dans le sens, actif ou passif, signifiant ou signifié, mais dans le sens spatial des lettres et des noms propres.

S gauchère s'oppose donc en la réfléchissant à Z droitière. Je crois Balzac gaucher, qui parle ici de Balsamo, substituant le S au

Z comme dans Sarrasine, ce que Roland
Barthes a bien vu[1].

Le gaucher s'oppose au droitier en demeu-
rant identique, énantiomorphe. Sarrasine
s'oppose à Zambinella comme le S au Z,
certes. Mais le nom de la femme ou de
l'homme ou du castrat signifie, ôté le Z, en
italien, les deux en elle : homme et non-
homme puisque châtré, non-femme donc
mais aussi femme en apparence. Elle n'in-
carne pas le manque mais le plein. Elle in-
carne le plein plus le manque. Aucune
antithèse ne dit cette union, ambidextre,
mais le nom propre la marque. Pour la même
raison, je crois que Sarrasine s'écrit avec une
S parce que le même sens « des deux en lui
ou en elle » se décrit exactement par un nom
propre amphidrome : SARRAS. SERRESINE
exprimerait un même palindrome pour un
autre gaucher contrarié. Au bout du compte
je parierais mille contre un que Balzac né
gaucher, appartenant donc à la minorité si-
nistre, écrivait pourtant de la main droite,
ce que la majorité tranquille dans ses droits
répute une contrariété. Cette majorité-là
croit que la contradiction suffit à exprimer
ces croisements où l'identité fait bon ménage
avec l'opposition et le plein avec le manque

---

1. Roland Barthes, *S/Z*, Éd. du Seuil, 1970.

et le corps avec son cerveau coupé, croisé,
à la lettre chimérique.

*

Balzac médite sur les beaux-arts en les
construisant. Il ne cherche pas des critères
de jugement, car il se moque de l'esthétique,
mais des conditions de production parce qu'il
s'interroge sur la pratique active de l'artiste.
Avant la critique, aisée, travaille, difficilement, l'homme d'œuvre. Avant le métalan-
gage du jugement, il faut bien construire une
chose. D'où la référence première au corps,
à sa position muette dans le monde, d'où sa
plongée précritique dans un espace multiplement orienté, traçant le sens avant la langue,
où se font face le gel de la mort et la cadence
du rythme, ce qui va devenir sculpture et
musique, Sarrasine et Zambinella. De ces
ombres se lèvent ces corps et ces noms, et
de ces relations toute la nouvelle.

*

Le plein du sens

J'ai toujours reçu de *Sarrasine*, surtout de
sa première moitié, une satisfaction
complète et secrète du cœur, des sens et de

l'âme : la castration et ses ravages peuvent-
ils ainsi combler ? La richesse vient à profu-
sion et nous ne comprenons qu'un manque.
La tête pense-t-elle mal nos joies totales ?
Mystère. Le dévoilement final du sexe absent
laisse encore un abîme noir, où nous nous
délectons.

Comblés d'abord du mélange accompli par
le corps de l'observateur qui le nomme macédoine. Sa main gauche, à l'aise dans la
chaleur du bal, reflète, dans l'embrasure de
la fenêtre, une main droite frigorifiée par la
neige, dans le jardin de l'hôtel. Un pied qui
sait danser bat la mesure de quelque menuet
alors que l'autre jambe durcit de froid dans
un cercueil, lieu d'une danse macabre. Nulle
antithèse là qui nous déchirerait, mais notre
énantiomorphie usuelle : la fenêtre et son
miroir ne quittent jamais l'axe de nos corps.
Enfin un auteur au complet ! Enfin notre vrai
monde noir et blanc, vie et mort, chaud et
froid, transitant par le corps vrai autour de
son plan réfléchissant et lumineux.

Orphée se retourne – à gauche ou vers la
droite ? –, les Eurydices passent, brillantes,
frémissantes, éclipsées, comme étourdies, et
s'évanouissent dans le tohu-bohu musical de
la fête. La femme de Lot se retourne – à
droite ou vers la gauche ? – et devient colonne de sel. Dans le même corps se mêlent

la sculpture et la musique, un pied danse, l'autre gèle, selon le sens de l'orientation ; deux arts se rencontrent, deux langues, deux mythes, deux sexes bientôt. Comblés donc par ce corps concret qui comprend tout charnellement.

Comblés par la fortune immense des hôtes, estimée à des millions, apparente d'abord et traduite en salons brillants, tableaux de maîtres, pierres rares, un luxe insolent, mais satisfaisante surtout par le chiffre abstrait qui comprend plus et rend tout possible, comme équivalent général. Additionner des nombres ne rencontre pas de contradiction alors que la collection ou consommation de qualités peut en trouver de majeures : on ne jouit pas indéfiniment. Ainsi l'avarice peut passer pour infinie, non la luxure ni la gourmandise. L'argent, compatible avec l'argent, s'amasse. Pourquoi ? Parce qu'il est sans qualités. Il n'a pas d'odeur, dit-on, depuis Vespasien. Dans le règne de l'odorat, celui-ci ne peut pas sentir celui-là. L'argent efface toute marque, tout obstacle qui ferait contradiction, ou dilue sur lui la sueur des pauvres ou le sang des spoliés, toute pollution, venant ou non du travail : ce signe sale, laissé par eux sur la valeur, annoncerait de loin qu'elle leur appartient encore. Incolore, inodore et sans saveur, l'équivalent général peut désor-

mais circuler sans antécédent, nulle qualité
ne l'entrave, mais surtout il devient som-
mable, indéfiniment et sans contradiction,
pareil à la série des nombres : pure quantité.
Sans obstacle en lui-même à la croissance, il
le lève partout ailleurs.

Voyez l'obstacle des langues, opposition
rencontrée dès la frontière. Aussi intelligente
ou créatrice que jaillisse une pensée, qu'elle
ne s'exprime pas dans le bon langage, la voici
lettre morte pour tout le monde. La nouvelle
de Balzac élimine la contradiction. Les deux
mains ne s'opposent pas mais se reflètent en
miroir, vingt sous font un franc et la famille
dite Lanty parle cinq langues. Les frontières
partagent l'espace par l'exclusion : à l'intérieur, un élément jouit d'une propriété, à
l'extérieur de sa négation. Que nul n'entre
ici s'il n'est géomètre ou s'il ne parle français, italien, espagnol, anglais ou allemand.
Or les Lanty les parlent à la perfection :
lèvent la barrière des langues, donc les frontières de l'espace, donc la négation, donc la
contradiction. Le discours comble et ne di-
vise pas, Pentecôte plus que Babel. Additionnez en vous cette compétence, comme un
compte en banque s'enfle, et la carte s'apla-
nira, montagnes arasées, vallées pleines, plus
d'étrangeté. La nouvelle de Balzac explore
l'altérité : comment passer de gauche à

droite, de l'autre côté du miroir, du sens, de la valeur, de la mappemonde ou de sa propre langue ? Elle comble parce qu'elle ôte tout barrage devant la traversée. Nouvelle sans inquiétante étrangeté.

Ainsi la fille Marianina fait le plein du talent et de la beauté. Il faut encore additionner, combiner ou sommer des éléments parfois incompatibles. A quelle condition rend-on cela possible ? Par un traitement radical de la dominance. La nouvelle de Balzac la rabote pour obtenir l'universelle compatibilité. Immense découverte de logique, de morale et de philosophie.

Exemple : le bon, le juste et vrai gisent à droite, le plus généralement, dans les habitudes ou cultures. Le corps de l'auteur, dès le début, fait pivoter la vie, la chaleur à gauche. La droite ne peut plus exclure la gauche. Car la dominance crée l'incompatibilité, pousse donc à l'exclusion. Peut-on dire que toute exclusion a pour raison et moteur la dominance ? Agressive et forte de son droit, brandi à dessein, la droite place en enfer la gauche, sans voir sa propre image dans le miroir.

Ainsi cette cantatrice, Malibran, Sontag, Fodor ou d'autres, manque par exemple de justesse ou de sensibilité ? Entendez le ton,

qualité maîtresse qui ne supporte pas l'épa-
nouissement concomitant des autres. Tel talent dévore tout, sculpte des corps partiels
ou produit des œuvres déjetées. Qui somme
les vertus a dû en soi gommer la dominance
de chacune pour les rendre compatibles ou
non exclusives ; garde la qualité mais en
arase l'arrogance, l'excès ou l'agressivité.
Pourquoi la créativité deviendrait-elle écrasante ? Intelligence douce, blandices de
l'âme, pudeur de la science, transparence
d'une langue blanche mêlant les couleurs au
spectre et faisant oublier la connaissance et
l'émotion, oui, le grand art unit au même
degré la compétence et le cœur, le beau et
le vrai, ce que fait Balzac, qui se définit là,
comme tout auteur se définit dans un type,
Marianina ici de corps et de chant, belle à
rester voilée, chantant la complétude.

   Si vous rencontrez l'exclusion, cherchez la
dominance ; si vous trouvez un obstacle, la
contradiction, l'incompatibilité, observez le
dominateur : celui qui impose sa langue au
monde, qui oblige à sa théorie, couvre ses
propriétés de la sueur des pauvres et du sang
des spoliés, donne cours forcé à son talent.
Désormais rien de nouveau sous le Soleil.
Qu'il apparaisse et rien ne reste visible, qu'il
luise et rien ne brille dans son halo universel.
Le Seigneur seul illumine. A l'aurore les

étoiles disparaissent. Le monisme tue le plu-
ralisme, alors que le Soleil fait humblement
partie des milliards d'étoiles. Seules les ténèbres les accueillent toutes, la lumière les
exclut en même temps que l'ombre douce,
condition de leur compatibilité. Quand la
lumière vient dans les ténèbres, celles-ci la
reçoivent, nécessairement, comment pour-
raient-elles agir autrement ? Mais nul, jamais, n'a vu la clarté recevoir le noir. La
lumière gomme les ténèbres en les accusant
de ne jamais la recevoir. La nuit n'expulse
pas le jour, qui se retire de lui-même, mais
celui-ci efface la nuit. Exclu, l'obscur, aveuglément. Tout peut arriver dans l'ensemen-
cement nocturne où les astres filants parmi
le chaos précèdent les nouvelles, rien de nouveau sous le Soleil. Absolument dominant.
Absolument exclusif. Sans Autre. Une Loi.
Un Sujet. Un Être. L'Être. Vitrifiant toute
l'histoire, tous les livres, les noms et les
langues, l'espace et le temps, toute l'altérité
possible, il ne reste que Lui et ses déclinai-
sons, tropes ou rayons, formes et orbe, ses
saisons. Violence implacable, incontournable
des monomaniaques, économie limite qui ob-
tient le plus de résultats possible au moyen
d'un effort minimal, théorie totale et dure
dispensée du travail des sciences et des
langues, du cœur et de la beauté. Puis-je
nommer encore cette universelle incompati-

bilité ? Ce Moi-seul, cet Être-là, cette Loi pourrait se dire le phallus. Cela ne signifie pas sexe, tendresse, amour ni relation mais seulement excès, arrogance, obstacle et agressivité, la loi phallique prétendant infiniment à l'exclusivité de soi : dominance ou condition d'incompatibilité. Sa loi passe au lance-flammes l'autre. Or la nouvelle de Balzac construit patiemment les conditions de l'altérité, sa venue, son avent, son accueil. Comment apaiser la libido de destruction ? La nouvelle de Balzac, amorcée par un geste ou une position du corps, construite par ce corps double, enfin complet, esquisse une opération de logique difficile, rare, en même temps qu'un acte humanitaire, irénique, délectable, et une esthétique sublime : *Sarrasine* exclut l'exclusion. Comment faire pour additionner, sommer, travailler dans le positif, s'opposer sans négation à la négation ? Comment s'y prendre pour dire oui ? Réponse : lisez attentivement le nom de Filippo, jumeau de sa sœur en beauté ou complétude. Il s'appelle exactement Lanty Antinoüs, l'exclusion de l'exclusion au programme. Une fois de plus, le nom propre joue le rôle d'algorithme pour le sens. Et le favori d'Hadrien passait un peu pour participer des deux sexes.

Exclure l'exclusion ou éradiquer la domi-

nante loi phallique, voilà le sens le plus profond de la castration.

En saine théologie, Dieu compose toutes
les perfections et qualités, lui seul les rendant
compatibles.

*

A la découverte maintenant du lien
commun à tous les arts et qui fuit toujours
ceux qui le cherchent. Nouvelle addition,
encore une fusion ; comment accueillir en
même temps la musique et la sculpture ou,
mieux encore, comment la sculpture accep-
tera-t-elle la musique pour s'unir à elle ? Par
une poésie secrète, nom caché de ce lien
commun, incarné par la jeune Marianina ?
Oui, poésie comme fabrication, production,
construction de toutes pièces de cette œuvre,
de ce chef-d'œuvre inconnu, hautement im-
probable qui rabote les différences et réunit
à la sculpture, Bouchardon et Sarrazin, la
peinture, Joseph-Marie Vien et Girodet,
celles-là de nouveau à la musique, Jomelli ou
Rossini, à la danse, au chant, à l'opéra, dans
l'architecture de Rome, plantée en décor,
celles-là encore aux techniques de l'artificiel,
à Philippe-Jacques de Lautherbourg, inventeur de l'*Eidophysikon*, panorama mobile où
changeaient des lumières et des sons, à l'alchimie, à la littérature, mauvaise ou bonne,

Anne Radcliffe ou lord Byron, à la construction d'une nouvelle où la statue sert de type
à un tableau et celui-ci à un récit où le
modèle se produit au théâtre et chante, aimé
par le sculpteur qui le prend pour modèle,
et reproduit, dans le rêve du narrateur,
comme idole liée à la danse : voici le jeu du
furet où le quasi-objet court de main en
main, fuyant toujours ceux qui le cherchent
mais suivant un lien commun. De la beauté :
construisez-la ainsi.

Ne la définissez pas. La critique n'utilise
que des opérateurs négatifs. Les créateurs
combinent, additionnent, somment, lient,
réunissent, les critiques définissent, divisent,
coupent, tranchent le texte, délient, ana-
lysent, détruisent. Quel traité d'esthétique
ne commence pas par diviser les arts, ne les
fait pas se succéder comme s'ils ne connais-
saient pas une beauté commune ? Peut-on
diviser la beauté ? Critiquez-la, détruisez-la,
vous l'avez perdue. La philosophie critique
règne dans l'empire du négatif, la fécondité
de l'œuvre naît dans le positif, sans empire
ni règne, sans dominante ni contradiction.
Allez, allez, courez, prenez le geste, conti-
nuez, la foi vous viendra. Comment faire ?
Nul ne connaît le secret de cette poésie, de
la fabrication qui ne s'enseigne pas. On n'enseigne qu'à définir, détruire et analyser. Vou-
lez-vous écrire, quittez la critique. Laissez la

théorie, la méthode, toutes les famines intel-
lectuelles, émotionnelles, les exigences de
beauté seront comblées.

La comtesse de Lanty accueille l'âge venu
et en devient miraculeuse de beauté, car
l'accepter fait que l'âge ne contredit plus au
charme mais, encore un coup, s'y ajoute,
comme la science à l'innocence. Le lien
commun inclut les qualités ou les arts de
sorte que s'évanouit la négation et que la
destruction s'apaise. La paix engendre la
beauté. La nouvelle cherche la beauté, donc
la force de production ou d'engendrement,
donc la paix, donc l'inclusion. Elle passe
d'abord en revue quelques exemples ou types
d'inclusion : le corps complet que j'ai dit
énantiomorphe, la fortune en somme, les
bouches qui parlent cinq langues, la famille
cosmopolite, le talent épanoui, la fédération
féconde des arts, avant de parvenir au type
canonique, le vrai secret du texte qui demeure secret même après le dévoilement du
castrat. Comment nommer, désigner, décrire
ce champion de l'inclusion ?

*

Pourquoi Dieu a-t-il créé le monde, alors
qu'il pouvait se satisfaire de son infinie
bonté ? La réponse comble : nul ne crée par

défaut mais le fait par excès. Le créateur
surabonde. Ainsi la famille Lanty énumère
quelques types de surabondance : le plein du
talent, de la richesse, des langages et du
charme. Privée d'exclusion, la nouvelle
quête le mélange agglutinant pour aboutir à
saturation, à sursaturation, cette condition
de productivité. Je ne sais quelle méconnaissance du travail fait aujourd'hui croire que
l'invention demande le manque, la faille ou
la folie, alors qu'elle exige le plein, le surcroît
ou surplus. Dieu crée le monde par surabondance, Balzac ses livres par surpuissance, la
fertilité vient avec le bonheur. La nouvelle
recherche le positif, le signe plus.

Et trouve, à un moment, la macédoine
morale. Que je sache, les moralistes, répugnant au disparate, doivent détester la macédoine ; que je sache, les critiques n'aiment
guère le mélange, répugnant à ce qui ne se
distingue ni ne fait de différence. Or la re-
cette, justement, exclut l'exclusion : ajoutez,
à loisir, des raves à des carottes, toutes bien-
venues, plus des fonds d'artichaut, si vous le
voulez – aucune limite à la surabondance.
Les navets n'y excluent pas les choux. De la
cuisine étant, voyez la grimace du juge et
son haut-le-cœur. Voilà cependant la sursaturation, démunie de loi centrale. Nulle
sauce ne la lie, nul principe ne la coagulera.
Mais rien non plus ne la fera tourner, virer

ni verser. La macédoine donne un exemple type de l'addition universelle, de l'inclusion sans dominance.

Ce mélange conditionne une pensée profonde, algorithmique, de l'universel. Nous pensons depuis les Grecs dans un cadre formé par la mathématique abstraite et théorique, déduite de principes et sculptée en pyramide axiomatique par la non-contradiction. Premier sens rigoureux du logos. Nous pensons depuis les prophètes écrivains d'Israël dans un cadre formé par le principe de Salomon, revu dans le début de l'Évangile selon saint Jean : rien de nouveau sous le Soleil ; au commencement la Lumière du Verbe. Deuxième sens étincelant du logos, sculpté, lui aussi par l'exclusion. Une mathématique ou un logos plus souples, plus agglutinants et positifs, utilitaires aussi ou proches de l'expérience, avaient été chassés par le miracle grec ou la lumière du Soleil unique, et tenue en lisière pendant trois millénaires, ne ressuscitant qu'en des occasions rares, avec les Arabes, à la Renaissance, chez Leibniz, au XIXe siècle dans certaines œuvres sous des formes timides. Ce formalisme refoulé, de nature algorithmique, revient et triomphe à l'âge des ordinateurs, occupe la place et menace même la mathématique abstraite issue des Grecs. De la lumière, il préfère la vitesse alors que celle-ci nous faisait préférer la clarté. Il correspond à la philosophie des corps mêlés. Fin de l'ère grecque et commencement d'un nouveau monde. Je reviendrai bientôt à ces formes de pensée.

L'algorithme correspond aux recettes pour la macédoine. *Sarrasine* cherche une surabondance pour la création que la pensée dominante ne peut donner. Comme d'habitude dans ces cas, elle quête aveuglément ce lien commun qui la fuit seulement sous notre lumière, exclusive de toute autre solution. Partez de l'antithèse et vous aboutirez à la castration. Partez de l'énantiomorphie gauche-droite ou de la superposition des images, partez de la symétrie et vous créerez l'hermaphrodite, type accompli de l'inclusion. Depuis combien de temps Hermès cherchait-il Aphrodite ? Comblé de l'avoir trouvée.

Pour cette joie en surabondance, l'excès surpuissant et créateur, en vue de cette inclusion, il faut d'abord exclure l'exclusion ou tempérer la loi phallique, araser les montagnes et combler doucement les vallées séparant les qualités, amenuiser la colonne vaniteuse et inutile au carrefour. Il faut imaginer Hermès doux. Accueillant et apaisé.

L'image paternelle s'assombrit donc un peu : laid, petit, grêlé, ennuyeux comme un banquier, le comte ne paraît profond que par ses citations ; lui parlez-vous de la bête, il répond par des noms propres et par des phrases apprises dans les livres, vous inquiétez-vous de quelque solution, il redouble de questions en amassant des notes au bas de la page, récitant Wellington ou Metternich, généraux et stratèges d'armées réelles ou théoriques. Vous avez reconnu le critique et son savoir phallique, terrifiant, ce beau monde laid, petit, grêlé qui traduit à sa manière les créations des poètes, lord Byron ou tout autre producteur surabondant, les divisant, découpant – la loi phallique seule châtre –, détruisant. Ne citez pas, ne jugez plus, quittez la critique, fabriquez. Pour cela, plongez dans Aphrodite, levée un jour de la mer noiseuse, ou du mélange sans contradiction des qualités.

Le Chef-d'œuvre inconnu suscite Aphrodite comme précondition de l'œuvre, née de la palette, issue du bruit nautique ; *Sarrasine* ressuscite Hermaphrodite comme champion de l'inclusion et condition de l'œuvre, née de la plénitude additionnelle du sens. *Sarrasine* ou l'androgyne surabondant : il faut concevoir Hermès comblé.

Mais non satisfait par le déchiquetage raffiné qui taille un texte en lignes, mots ou

lettres et qui le ramène à la suite codée que
donnaient à lire ou que cachaient les vieux
cadenas dont les roues, tournant indépen-
damment les unes des autres, portaient, chacune, des chiffres. Le nombre des suites
qu'on peut ainsi aligner, gigantesque, tend
vers l'infini. De même, le texte se montrerait
ou se cacherait en cette multiplicité comme
une épingle dans une meule d'aiguilles :
chaque mot du texte figure dans le diction-
naire comme un chiffre sur sa roue. Cela
conduit à l'idée d'une pluralité de sens qui
donna le vertige à la génération qui nous
précéda, sans doute par ignorance de la logique et de l'algèbre combinatoire, science
fondamentale du codage. La corne d'abondance qui livre une infinité de sens vient de
cette grave méprise qu'on pourrait appeler
plaisamment le sophisme du cadenas. Entre
le pouvoir-dire et le dire la distance sépare
un nombre immense d'un très petit. Les
roues ne restent pas libres de tourner à mesure que le texte avance : son sens tend vers
l'unité.

Je ne prends pas le plein du sens dans le
sens de ce faux calcul.

*

Sculpture et musique

L'androgyne ? Le voici.

« J'étais plongé dans une rêverie... dans une arabesque imaginaire », et voici que je produisis une chimère : une bête dont les deux parties se croisent en *chi*, lettre grecque croisant un S et un Z. Coupé en deux par le miroir ou la fenêtre mais réuni par l'énantio-morphie de son corps et du monde, méditant sur la médaille humaine, symétrique et asy-métrique à la fois par ses côtés face et pile, médaille et chimère lui-même, l'observateur ou narrateur, sujet du récit et objet aussi bien, accouche d'un corps composite et mêlé comme le sien propre, ainsi que Jupiter en-fanta Minerve.

Peut-on mieux exprimer l'androgyne que par le roi des dieux, lui-même surmâle en travail de femme ou de mère ? Plus encore, si la déesse Athéna ou Minerve jaillit de la tête de Zeus comme adulte tout armée, for-mée, bien articulée, il fallait bien qu'elle eût vécu en lui, incluse dans le mâle et mieux qu'enfermée dans son ventre, répandue en sa tête, sa cuisse, ses jambes. Exista-t-il pri-mordialement une crase Athéna-Zeus, Ju-nerve ou Mipiter, avant qu'ait paru Hermaphrodite ?

La chimère latérale, gauche-droite, en-gendre une chimère complète sur le modèle

d'une chimère divine. L'androgyne en-
gendré, hideuse à moitié, « divinement femelle par le corsage », à double sexe,
additionne, de plus, les âges, cent et vingt-
deux ans, la chaleur et le froid, la maigreur
et les formes pleines, débris et verdeur, laideur et beauté, vie, mort, mouvement dansant et paralysie sculpturale. L'hermaphrodite
du sens ou de l'orientation, le plus général,
produit un hermaphrodite additionnel sur
l'archétype d'un hermaphrodite céleste.
Trois complétudes, trois sommes de qualités
rendues soudain compatibles : or si nous
ignorons tout du sexe de Zeus et de celui de
l'observateur, nous savons justement que le
phallus s'absente dans et pour l'association
du vieillard et de la marquise. Les historiens
diront Balzac ambisexuel. Mais considérons
la scène.

Que voyait Hermaphrodite quand il se mi-
rait, comme Narcisse, à la surface lisse d'une
source ou d'un miroir ? Où se placent dans
l'image, l'angle du coude, la surabondance
capillaire et les grandes symétries ou petites
asymétries sexuelles ? La vieille question du
double se redouble ici luxueusement. Que
voient dans les fenêtres les amants sublimes
ou les créateurs ? L'image de l'abondance,
surabondante.

« Ils étaient là, devant moi, tous deux ensemble, unis et si serrés... » Serrés.

*

Le bel amour de Sarrasine a gagné. N'a pas perdu mais a triomphé. Le positif l'emporte sur le négatif et l'amour sur la mort ; car la sculpture, folle de la musique, réussit à modeler dans le chanteur une statue. Avant même que le récit n'introduise le sculpteur, son œuvre le précède, vivante et morte à demi. Et les conditions de l'œuvre ont même précédé le chef-d'œuvre en ce vieillard inconnu.

« Idole japonaise, silencieuse et immobile autant qu'une statue », voilà, des années après la passion insensée, la Zambinella, dont le corps dérive vers le solide : froid, lourd, stupidement indécis comme un paralytique, il tourne à peine deux yeux glauques comparables à de la nacre ternie ; la gorge qui fit courir l'Europe sonne comme une roche qui rebondit sur d'autres roches le long de ses propres échos avant de plonger dans l'eau, sa voix cassée ressemble au bruit que fait une pierre en tombant dans un puits. Même l'onde musicale se pétrifie. Sa chair disparaît entre la peau et les os, sa maigreur fait saillir ou se creuser les lieux du squelette, ses formes se vitrifient, envahies de cailloux et de bijoux, métaux et pierreries. Mort ? Pas encore. Immortel, certains le disent, comme une idole momifiée. Vivant ou mort, nous ne savons pas. Statue sculptée en tout cas.

« Joignez à ces détails toutes les merveilles de Vénus rendues par le ciseau des Grecs » : voici la Zambinella des années auparavant, devant l'amour-foudre conçu par Sarrasine ce soir-là, voici la statue classique. Plus qu'une femme : un chef-d'œuvre. Et chef-d'œuvre toujours pour la même et addition-nelle raison : Vénus tout entière sur ce corps sommée. Partout ailleurs, çà et là, on ne voit que des qualités partielles, seins, cou, genou, épaule, taille pour un reste ignominieux. Voici enfin la réunion, la totalité des mer-veilles, voici la surabondance munie en son centre de l'absence du phallus. La statue de Pygmalion descend de son piédestal, totale. Et, de fait, veuillez compter : on peut dire la créature femme, elle en a les meilleures ap-parences, et non-femme en réalité, plus homme, à l'évidence, et non-homme en vé-rité. Il suffit que la loi phallique s'absente pour que cette addition ou somme ou réu-nion d'attributs non compatibles devienne miraculeusement possible. Le reste concerne la beauté ou la littérature. Voici donc l'an-drogyne ou l'hermaphrodite encore.

Or le récit littéraire lui-même, énantio-morphe comme son auteur, se dédouble en miroir et maintenant dans le temps : un côté vers l'Élysée, à l'hôtel Lanty, l'autre suivant la furie de Sarrasine, de Saint-Dié à Paris et à Rome, le plan de symétrie ou d'énantio-morphie passant, debout, par la chambre de Madame la marquise de Rochefide, axe ou équilibre de justice. Deux masses de récit équivalentes – on a remarqué cette rareté. Les identités ou paradoxes concernant l'image et le modèle dans la glace plongent dans le temps tout autant que dans l'espace, suivant les séquences de la nouvelle et leur rythme. Par parenthèses, la flèche qui carac-térise le temps diffère-t-elle autant qu'on le dit de l'orientation spatiale ? Bref, la mu-sique et ses méthodes, fugue ou contrepoint, ordonnent de tels retournements proprement énantiomorphes dans le temps comme la sculpture les étale dans le volume. La litté-rature les somme et les fait voir ou lire tous deux, en suivant le lien commun à ces deux arts.

Or la nouvelle commence lorsque minuit sonne, fin ou début d'un jour ou d'un autre, et sa deuxième partie se raconte après ou se passe avant la première. L'image et le mo-dèle dans l'embrasure de la fenêtre se recon-naissent aussi dans le temps, où minuit marque un axe flottant. Voici donc deux sta-tues qui se répondent, l'une vive, joyeuse, verte et belle, jeune, complète, totalement achevée dans ses perfections, du côté de la danse des vivants où fourmillent, s'agitent et papillonnent les plus jolies femmes de Rome, pour tout dire musicale, l'autre quasi morte, hideuse et vieille, froide, décharnée, dont la voix se réduit à un bruit cassé de pierres dans un puits, aux yeux de nacre et aux saillies creuses, spectre enveloppé d'un linceul du côté de la danse macabre blanchie par la neige et la lune, pour tout dire sculpturale. Oui, le bel amour de Sarrasine a réussi et les statues pullulent comme s'il n'avait cessé de sculpter dans le temps le corps de sa bien-aimée : le miroir place face à face une déesse occidentale et une idole japonaise, extrême-orientale.

Hermès, immobile comme une borne sur l'axe spatio-temporel de symétrie, dans l'espace de l'embrasure et à l'heure de minuit, voit le double reflet d'Aphrodite qui se dresse d'un côté sur l'océan des vivats et des applaudissements chaotiques et qui se lève de l'autre d'entre les morts, ressuscité. Hermès, pierre, borne, cairn au carrefour, statue rustique ou abstraite, accompagne, psychopompe, les ombres des morts et joue de la cithare pour que dansent les vivants. Aphrodite, statue parfaite, plus Hermès, pierre brute de référence, plus Aphrodite, musique debout au-dessus du bruit chaotique et née de lui, plus Hermès, inventeur de la notation musicale, Hermaphrodite Balzac immobile et doublement orienté, descripteur de formes et compositeur, produit cette littérature qui somme philosophiquement et sans incompatibilité les sciences et les arts.

La condition de cette somme compacte se dresse au-dessus du tabernacle, le vendredi saint : soit à immoler la loi phallique. La partie arrogante d'Hermès meurt là et ce jour-là. La mort de Dieu aurait-elle ce sens-là ? Le moment où Sarrasine jeune sculpte une bûche obscène et la juche en haut de l'autel, en un geste fou de castration et d'offertoire, constitue le centre du récit, la clé de voûte de sa construction, son secret.

*

Un système, usuellement, suppose l'exclusion de cette non-exclusion que suppose le mélange. Il ignore l'art de l'inclusion et veut que toute vérité exige distinction ou contradiction. La dialectique met en jeu celle-ci et l'analytique cherche le débat. Analytique et dialectique, même combat, toutes deux armées pour le livrer. Voici le noyau dur, mortel ou thanatocratique, la cuirasse d'acier, plutôt, hérissée à l'extérieur autour d'une chair faible. Bataille, débat, conflit font rage, souhaités comme méthodes dans les deux cas ou champs, parce que, dans les deux, domi-

nent ensemble la coupure et la distinction,
la séparation ou, pour tout dire d'un mot, la
secte, la section et le sexe. Le sexe désigne
le même geste que la distinction, savoir la
séparation et la coupure. La loi phallique
gouverne là. Et si châtrer le sexe équivalait
à couper la coupure ?

Le chef-d'œuvre, inconnu pour les raisons
susdites, prolifère dans le temps ou l'espace
exclus par ces systèmes : on dirait qu'une
certaine forme d'art ou de fabrication ne
peut survivre qu'en dehors de ces philosophies qui jugent et tranchent. Au sexe donc,
pris en ce sens tranchant, le chef-d'œuvre,
addition ou somme de capacités, préfère
l'androgyne et à la distinction les corps
mêlés. D'où l'éblouissant montage de *Sarrasine,* complexe multiple de réunions asso-
ciées, parallèles comme des reflets ou
croisées comme des chimères. Faites
confluer l'effort de la sculpture vers des symétries asymétriques dans la forme ou la
posture, l'écart et la stabilité, l'immobilité
en mouvement, et l'incandescence du marbre
glacé ou la vie du bronze funéraire avec
l'effort de la musique pour saturer de me-
sures rythmiques, retours, refrains et ritournelles, contrepoints en miroir ou en
écrevisse, l'irréversible écoulement du
temps, vous avez quelque chance de trouver
Sarrasine comme somme ou lien commun et

chef-d'œuvre inconnu et, plus profondément, condition d'accès au chef-d'œuvre ou
de sa production, de même exactement que
vous courrez la chance exaltante de
construire une philosophie nouvelle, inconnue encore à ce jour, plus algorithme que
système, si vous tissez ou nouez le confluent
multiple des sciences, une à une patiemment
suivies, des religions, respectueusement
considérées, des arts, pratiqués avec ferveur,
et des littératures elles-mêmes, déjà
confluents inconnus. Si vous n'excluez rien
et placez un miroir au lieu antithétique de la
contradiction ou du débat, la philosophie,
inconnue à ce jour, ressemblera moins à un
champ de carnage qu'à un traité de paix.
Hermès borne, pierre et cithare, uni aux
Aphrodites grecque et orientale, annonce la
fécondité de la paix. L'amour et le positif
produisent le chef-d'œuvre inconnu.
Comment ?

Additionnez zéro à un nombre, il en vient
le même nombre ; même chose, si vous le
multipliez par un. On appelle éléments
neutres ces termes quasi nuls qui rendent
possible pourtant le bon fonctionnement de
ces opérations. La castration dans *Sarrasine*
invente et introduit dans les affaires et
sciences humaines cet élément neutre que
j'appelais tantôt effacement d'une loi domi-

natrice. Neutre exprime assez bien l'inclusion d'un tiers-exclu : ni l'un ni l'autre ou et
l'un et l'autre. La castration joue le rôle
d'élément neutre, ici, pour toute opération
mettant en jeu l'altérité.

Exemple : il ne suffit pas d'annoncer que
l'argent n'a pas d'odeur. Il faut observer que
l'odeur le rendrait inutilisable ou bloquerait
sa circulation. Or l'odeur fonde la propriété :
toute bête salit sa niche. Pour inventer l'argent, il faut donc aller jusqu'à gommer le
fondement même de l'appropriation, la loi
biologique des dominances locales. Neutre,
la monnaie. Alors, elle circule et s'accumule
sans contradiction, ce qu'il fallait démontrer.
Comme s'il fallait châtrer sa propriété pour
qu'apparaisse un propre qui puisse passer
par les mains sales de tout le monde. Propre ?
Si nous lavons quelque chose, la voici dere-
chef bientôt neutre sous un nouveau rapport.
Il semble bien que la Lydie ait inventé
l'argent, sur les rives du Pactole. Gygès le
berger, fondateur de la dynastie lydienne,
trouva au fond d'une caverne un cadavre nu
qui portait à la main un anneau. La bague
volée le rendit soudain tout à fait invisible.
Ce grâce à quoi il tua le roi, séduisit la reine,
devint riche et puissant. Sorti de terre, il
invente le pouvoir et la valeur, l'invisible
main qui les fonde. Il gomme ou efface le

corps propre en vue de la nouvelle invention :
neutre, le roi Gygès.

Soit à chercher le blanc, le neutre, le do-
mino polyvalent, le transparent, l'abstrait.
L'algèbre ne put naître vers le xve siècle
qu'après l'invention italienne des notations
cossiques, ainsi nommées par la *cosa*, la
chose, cet x qui vaut tout et n'importe quoi,
sans valeur propre et à toute valeur, cette
chose non en soi, tout entière pour les autres.

Il faut perdre ou gommer son âme pour la
sauver. Il faut laisser mille prétentions
propres pour mieux vivre en société. La mo-
nadologie comme ensemble et système
n'existe que si les monades n'ont ni portes
ni fenêtres. Il faut s'habiller, se voiler, cacher
son sexe pour pouvoir habiter en commun.
La castration pullule, si on ouvre les yeux.
Toute loi, même de gain, suppose, implique
une perte en un lieu.

« Tous ne comprennent pas ce langage
mais seulement ceux à qui cela est donné.
Car il y a des eunuques qui sont nés ainsi du
sein de leur mère, il y a des eunuques qui le
sont devenus par l'action des hommes et il y
a des eunuques qui se sont eux-mêmes rendus tels à cause du Royaume de Dieu. Qui
peut comprendre, qu'il comprenne » (*Saint*

Matthieu, XIX, 11-13). Il m'a semblé comprendre que le donateur de sens s'oppose au plein du sens parce qu'il semble donner en retenant tout, en réalité comme gardien exclusif de la source du sens, et parce que en tout cas il expulse tout autre sens. Or il faut penser ou parfois organiser une communauté de tels exclusifs. Nous ne devons pas exclure cet unique donateur sous peine de lui ressembler, donc de continuer répétitivement l'histoire morne. Rentrons en nous-mêmes et cessons de nous plaindre. Perdons à notre propre jeu pour que croisse la chance qu'un jeu complet advienne au plus grand nombre. Perdons la propriété pour que circule l'argent. Laissons notre visibilité. Laissons le sexe pour la musique, première image ici. Perdons la vie pour le chef-d'œuvre, ainsi que Sarrasine, image de l'image. Tous profils du Royaume de Dieu. Perdons au jeu de la violente gifle reçue.

La castration reflète et réinvente, du côté des affaires et sciences humaines, le symbole $= x$ de l'algèbre ou les éléments neutres des opérations. Elle rend ici possible ce buissonnement fertile de beauté. La nouvelle de Balzac se déploie multiplement autour de l'opération de symétrie et de l'énantiomorphie. La glace d'une fenêtre ou un miroir partage nos corps en deux zones mêmes et autres, énantiomorphes : notre identité se mêle à notre propre altérité aussi indistinctement que Hermès et Aphrodite dans l'androgyne. *Sarrasine* étend aux choses humaines le problème des régions de l'espace, donc médite sur l'altérité. Qui suis-je, moi autre ? Or dans cette opération de symétrie et d'asymétrie, de mélange indistinct, sans exclusion, de même et d'autre, la trace de l'axe ou du plan autour desquels le même et l'autre tournent passe exactement par nos organes sans pareils. Or, encore, l'élément neutre de ladite opération réside en cet axe ou ce plan. Donc le texte de lui-même doit neutraliser le sexe. La loi de la production le suppose élément neutre.

Ce qu'il fallait démontrer.

*

L'amour, non le phallus, le positif, grâce au neutre, produisent le chef-d'œuvre. Comment ?

Comment sculpter une statue ? Comment devenir sculpteur ? Qu'y a-t-il en celui-ci, en celle-là ? Mieux encore : comment la statuaire vint aux cultures ? *Sarrasine* relate l'œuvre et la vie d'un artiste individuel, inconnu, mais à explorer sa poésie ou fabrication secrète, lien commun à tous les arts qui fuit toujours ceux qui le cherchent, nous

découvrons une anthropologie générale de la
sculpture en général, comme jadis *Le Chef-
d'œuvre inconnu* nous ouvrit, sous cet insu
affiché, une ontologie de la puissance et de
la capacité. Les monographies de Poussin ou
de Sarrasine cachent pudiquement, comme
des arbres, la forêt des réponses aux questions : Comment ? Qu'y a-t-il ? D'où vient-il ?
que posent les philosophes, dont Balzac se
moque parce qu'ils passent, sans risquer leur
œuvre ni leur peau, dans les salons. Mais
d'où viennent les statues ?

De la mort. De la tombe. Du rite des funérailles. Du cadavre. Du squelette dur et de
la chair plus molle. De la charogne. De la
putréfaction. De ce qui n'a de nom dans
aucune langue. De ce trou, de ce manque,
de cette absence de la langue, de cette castration d'où sort l'objet en général $= x$. « De
cette créature sans nom dans le langage humain, forme sans substance, être sans vie ou
vie sans action. » Neutre, blanche, abstraite.
Si le grain ne meurt...

D'où nous viennent les statues ? Elles
reviennent. Dieux, héros ou hommes, grands
ou faux, ressuscitent comme revenants. Fan-
tômes qui se lèvent des secondes funérailles,
à la fin de tout pourrissement. Restes purs
de leur chair liquéfiée. Elles nous viennent
de cette première technique macabre, exer-
cée sur ce premier objet, pratique univer-

selle, propre à toutes les cultures, d'où l'origine de toute technique émerge dans le genre humain.

Elles viennent des momies. De la séparation, par le paraschiste, des vases canopes, contenant le mou, d'avec les ossements secs et la peau tannée, en Égypte, par exemple. Première statue : le cadavre momifié, revenu, sorti de sa boîte. Première statue : cette boîte elle-même. Qu'y a-t-il dans une boîte noire, la pyramide ou le tombeau ? Qu'y a-t-il dans l'hôtel Lanty ?

Mais d'où viennent les statues ? De la mort et d'après elle ; de la tombe et de ce qui s'y cache. De l'immobilité, là. De l'être-là. Du ci-gît. Ci-gît couvre ce qui n'a de nom dans aucune langue. Ci ou là. Qu'y a-t-il donc là ? L'être-là, marqué par la pierre levée, menhir, bétyle, roche sur la tombe, météore.

*

Comment donc la statuaire vint ?

Le mystère de *Sarrasine* s'éclaire à mesure qu'on lit dans le sens de la nouvelle : une énigme se pose, une solution la suit. Le temps va de gauche à droite, comme sur un axe ou dans la page, le long des lignes successives ou selon les feuilles du livre, mais il court de droite à gauche, puisque la partie seconde remonte, comme la mémoire ou

l'instruction d'un procès, à Saint-Dié, Paris
ou Rome, vers la jeunesse musicale du vieillard devenu statue. La lecture commune
s'adapte aisément à ce croisement usuel des
discours exposant la cause après l'effet alors
que celui-ci suit celle-là : cela s'appelle causer, entre curieux, comme on a vu. Cette
chimère du temps dans le récit n'offre pas
plus d'obstacles que le croisement des yeux
ou des mains, à la toilette du matin, en face
de la glace. Or si un effort léger restitue le
paradoxe des côtés du corps en suspendant
cette aise naturelle, une conversion ou une
traversée de ce genre nous amène de même
à lire la nouvelle dans le sens très ordinaire
des lignes écrites, en suspendant le reflux du
sens. Une cause attend à droite, certes, et si
une autre se cachait à gauche ?

A la fin de la nouvelle, sur la droite du
temps, se dresse la statue, que le peintre
copiera et que son auteur, au moment de
mourir, veut détruire mais y manque. Un
peu avant apparaît son modèle vif, femme,
non-femme et plus que femme : chef-
d'œuvre. Remontons de Rome à Paris,
commençons par le commencement.

Au commencement, à la gauche des lignes,
s'ouvre pour un bal brillant l'hôtel Lanty :
minuit, paradoxal, sonne ; une fenêtre glisse
où se tient le guide. Nous entrons dans la
boîte ; qu'y a-t-il dans cette boîte ? Une en-

filade longue de salons éclairés de mille feux,
bijoux, lustres et regards, conduit au fond
des appartements de réception, d'un boudoir
à l'autre, d'une boîte à la suivante, dans le
sens de l'inclusion ou de l'implication, du
secret, de l'ombre. Au dernier cabinet demi-
circulaire, la lumière, discrète, venue d'une
lampe douce au vase d'albâtre, éclaire des
tentures de satin bleu. Lueur blanche, couleur froide, pièce déserte. Ce sas sépare la
clarté de l'ombre, le public du privé, le bruit
et le silence. Dans ce sanctuaire Adonis-En-
dymion repose, homme et femme, sur une
peau de lion, dévoilé par un petit Éros.
Image de l'image dans la boîte de la boîte.
Or dans la petite pièce s'ouvre encore une
porte cachée derrière la tenture, d'où apparaît, « comme par magie, un grand homme
sec, espèce de génie familier, gardien mystérieux ». Bouche d'ombre.

Hermès, assis, externe, interne, dans l'embrasure de la fenêtre, nous emmène, psychopompe, le long de boîtes bruissantes de
langage, blanches, claires et peuplées, vers
le seuil de la boîte noire où Hermès, encore,
veille sur le voile dont les plis sombres
cachent la porte dont le vantail ferme la
bouche d'ombre sans parole. La cause gît
sous inclusions.

Comment donc le bloc de pierre vint ?

« La première fois que se montra ce per-

sonnage étrange, ce fut pendant un concert
où il semblait avoir été attiré vers le salon
par la voix enchanteresse de Marianina. » La
musique ressuscite les morts, évoque les fan-
tômes. D'où venait ce personnage étrange ?
De la bouche d'ombre, de la seconde fenêtre
profonde. Qui ? Cet être étrange qui n'a de
nom dans aucune langue. Souvenez-vous du
chœur des vieillards perses dont le chant se
lamente, évoque, crie et parle devant le tombeau de Darius. A un moment, dit le sco-
liaste, le texte manque, effacé, détruit, croit-
il ; non, la langue, le langage se perdent là.
Aucun mot dans aucune langue ne dit cela.
Et à ce moment, par ce pertuis ou cette
bouche sans parole, ressuscite l'ombre du
Roi, morte et vivante. La parole s'efface devant la musique, langue universelle, qui seule
peut dire le travail du deuil. Marianina, in-
cantatoire, Orphée à sexe inversé, laisse le
sens singulier de la langue pour la musique
encore un coup universelle et soudain apparaît, Eurydice à sexe inversé, « le génie familier caché pendant des mois entiers au
fond d'un sanctuaire inconnu ». On croirait
lire *La Cité antique :* la maison Lanty, famille
et fortune, s'appuie et se fonde sur le tombeau de l'ancêtre, là. Et l'incantation enchanteresse le ramène. Et la cavatine de
Tancrède le ramène encore. Et une roulade
le renvoie.

La statue ne vient pas, mais revient d'entre les morts.

Nous connaissons donc le secret dès le début, nous l'avons même toujours connu. L'inquiétante étrangeté, l'altérité que nous portons dans notre corps, mélangées à notre vie, comme Aphrodite à Hermès ou la droite à la gauche ou la musique tacite au langage bavard ou l'obscurité dans la lumière clignotante de la moire d'un rideau onduleux et replié, s'évoque dans la plainte musicale et dansante de la mort. La mort ferait-elle ce lien commun à tous les arts qui fuient toujours ceux qui le cherchent ? Faut-il s'approcher d'elle ou qu'elle s'approche de nous si nous voulons accoucher de beauté ? Mort neutre, suprême castration.

Un mort. La tête de mort et deux os mis en croix sur une tombe. Un spectre. Visage noir aux orbites jaunâtres et aux os maxillaires rendus saillants par une maigreur indescriptible. Peau jaune et fine collée sur les os et parcourue de rides étoilées comme une fêlure de vitre. Une momie vitrifiée. Crâne cadavérique caché sous une perruque, squelette habillé d'une dentelle faisant haillon. Qui revient donc ? Un mort, un spectre, une momie, une idole, enfin une statue. Du fond du temps ou de l'histoire, du fond de la maison ou de la boîte noire, se déploie depuis l'origine la généalogie des statues.

La nouvelle, lue dans un sens, découvre la cause pour une autobiographie plausible ou un roman policier ou un suspens anecdotique dont l'intérêt se soutient au moyen du sexe, comme dans les affiches dont l'érotisme permet de bien vendre un produit. Lue dans l'autre sens ou dans la direction ordinaire du temps, la nouvelle découvre la cause pour l'anthropologie, l'esthétique et l'ontologie. Le chef-d'œuvre vient de la mort. La statue se lève au-dessus de la momie, sortie de la tombe.

« Sa préoccupation presque somnambulique était si concentrée sur les choses, qu'il se trouvait au milieu du monde sans voir le monde. » Le vieillard, deux fois cause, cause d'un crime en aval et cause du chef-d'œuvre statuaire en amont, venant de la mort et allant vers la mort, devenant lui-même chose, dure, froide, pierreuse, ne voit plus que les choses, sans plus entendre le monde causer ou chercher les causes. Qu'est-ce qu'une statue ? Une cause devenue chose et la cause des choses. Phrase obscure encore à élucider.

*

Le fétiche

De cette momie à demi statufiée, les philosophes du beau monde glosent, fantasti-
quement, sous les appellations de goule,
vampire ou homme artificiel.

Un mort qui sort la nuit de sa tombe pour
sucer le sang des vivants se nomme vampire
et goule s'il dévore goulûment les corps
morts. Du fantastique en général et de celui-
là, macabre, il convient de se méfier parce
qu'il refoule, dans les montagnes au-delà des
Carpates ou dans l'Inde du Sud du côté de
Mysore, pour les faire oublier, des habitudes
toutes familières et quotidiennes. Je crois le
parasitisme universel ; on montre aisément
qu'il forme l'élément primaire et simple des
relations humaines et sociales : ces pratiques
charognardes n'en font voir qu'une variété.
Une assurance sur la vie donne à son béné-
ficiaire de boire et manger à même un mort
et une rente viagère transforme en or une
sorte de pari sur la date d'un décès – pourriez-vous, monsieur, avoir la bonté de m'expliquer ce que vous entendez par une tête
génoise, qualité que vous donnez à ce vieillard ? D'énormes capitaux reposent sur sa
vie. Tout le monde autour de lui, beaux corps
et visages frais aux lèvres vermeilles, mange
et boit sur l'heure de sa mort, dix goules
tournent sur ce squelette qui produit de l'or.

Puis-je dire : vampirisme ? Ou : le métier
même d'historien pour qui veut gagner les
faveurs de la marquise en déterrant les secrets de Sarrasine ou pour qui gagne son
salaire et quelques grades universitaires en
exhumant ceux de Balzac ? Répétez ce que
vous entendez, monsieur, par tête génoise.
La vie de la tête ou de ce corps produit-elle
de l'or ? Pour ses petits-enfants ? Oui, certes.
Puis-je dire : alchimie ? Rien de fantastique
là, mais de simples recettes bancaires,
vieilles comme le banc de change, si vieilles
que jadis on pouvait donner en gage d'un
emprunt la momie de quelque ancêtre, si
anciennes que le premier roi de Lydie, où
naquirent, dit-on, l'argent et ses usages, tira
sa fortune originelle d'un cadavre étendu
dans une statue ou un tombeau de bronze.
Qu'y a-t-il dans la statue ou dans la tombe ?
La dépouille d'un homme. Qu'y a-t-il dans
ou sur ce cadavre ? Un anneau d'or muni
d'un chaton où s'enchâsse une pierre pré-
cieuse, le commencement d'un trésor. Aucune atrocité, nulle niaiserie, pas de
fantastique là, mais cette anthropologique
évidence que la valeur sort de la mort, que
la vie en vient aussi qui se nourrit de cette
valeur et que de cette idole japonaise, dieu
étrange ou génie familier de l'hôtel, statue,
la fortune émane, faite par elle ou par elle
produite, faite par le fétiche. Au moment de

franchir le seuil de la bouche d'ombre, accompagné, poussé, forcé par un Hermès psychopompe, le squelette tire de l'un de ses doigts une bague de prix et la jette dans le sein de Marianina. Quand vous dites que l'argent n'a pas d'odeur, le supposez-vous débarrassé de l'insupportable puanteur de la charogne ? Vampires et goules n'ont-ils pas de nez ? Voilà pourquoi, plutôt, on embaumait les cadavres.

Ni le comte de Saint-Germain, cet aventurier qui se faisait passer pour immortel et tirait argent et gloire de son agonie différée, ni Cagliostro, magnétiseur, alchimiste, n'eussent pu mieux faire que cette fétiche, dans le même temps où le président de Brosses, à Dijon, inventait la chose et son nom féminin, avant qu'Auguste Comte ne le mette au masculin et à l'origine de l'humanité. Tout se passe comme si le castrat ou la Zambinella, dont le nom dit les deux en elle, vivait et mourait au moment justement où cet objet ou ce concept commence, dans l'hésitation neutre de son genre. Au début de ce siècle-là, on disait à la fois un et une fétiche.

Fabricant le ou la fétiche, Balzac croise dessus, bien avant l'invention de ces théories, le fétichisme sexuel, selon Freud, formé sur le pénis absent de la mère, et celui de la marchandise ou de la valeur, selon Marx,

comme fondement de l'échange. Le vieillard
joue les deux rôles, exactement, auprès de
la famille et du monde alentour. Expliquer
Sarrasine au moyen de ces deux fragments
de bible me révolterait, tant la puissance
cognitive du récit comprend le fonctionnement du fétiche avant que les théories ne
l'expliquent. Celles-ci naissent dans l'aveu-
glement de ce qui les précède et, pleines de
ressentiment, se vengent, en détruisant les
œuvres qui les ont pressenties.

Mais *Sarrasine* dépasse d'un coup ces
quatre systèmes – les deux d'avant elle et les
deux d'après elle – en faisant du castrat
vieillissant et maintes fois neutre une tête
génoise, mourant lentement au centre de
ceux qui ont tout intérêt à le dévorer, qui
donc le tuent mais le préservent, victime en
royauté. Toute la famille le guette, le cache,
lui témoigne despotisme et affection, respect
sans vergogne. Quand la mère ou le frère ou
la fille le ramènent au trou, le réenterrent-ils
ou bien le dorlotent-ils ? Les deux, à coup
sûr. Sous le neutre et le double sexe et le
double genre et le double sens, la logique
double de la tête de Turc déifiée apparaît.
Le fétiche qu'on a fait ou façonné, à son
tour, fait tout, comme une fée. La double
racine du mot reparaît.

La statue marque le lieu où se rencontrent

plusieurs chemins tracés depuis deux cents ans vers les origines.

*

Cagliostro, dit-on, faisait de l'or sous le nom de Balsamo, autrement dit : le baume. Voulait-il indiquer par ce mot son état de cadavre embaumé ou le secret philosophal de son œuvre, la valeur venant du corps, encore un coup ? Balsamo porte la lettre S au lieu où Balzac s'écrit par un Z : son père s'appelait Balssa. L'auteur récrit son vrai nom par la substitution inverse de celle par laquelle son père le quitta. L'énantiomorphie des deux lettres qui rapproche et sépare le sculpteur chaste de son impossible amante musicale ou qui les rassemble et les croise en chimère, croise, sépare et rapproche plus encore le nom de l'auteur et le pseudonyme, identique à ces deux lettres ou, à ce reflet près, de l'alchimiste prétendument immortel et reparu comme un revenant sous la forme de la Zambinella quasi centenaire, vieillard fétiche, idole qui produit or et bijoux et ressemble au vieux Balssa.

Par ce jeu de lettres en miroir ou alchimie du verbe, par l'injection de son corps sur le seuil de l'hôtel ou dans l'axe de la glace, au commencement de sa nouvelle, Balzac se jette à corps perdu, à mots couverts, à sexe

ambigu dans son œuvre littérale, de même
que Balthazar Claës se perd, à la vie à la
mort, dans sa *Recherche*, mais là, de plus,
l'auteur se partage entre l'amoureux fou et
suicidaire et l'aimé sans espoir, entre le fils
et le père, l'homme et la femme, la mort et
l'immortalité, la ruine et la fortune, le facteur et le charlatan ; il occupe toutes les
places ; le voici enfin entre la sculpture et la
musique, l'art qui produit l'objet en deçà du
langage et du sens et celui qui façonne le
sujet avant tout sens et toute langue, lui qui
aime et décrit les choses telles quelles et les
hommes bruts. Il pénètre corps et lettres
dans son texte avant que celui-ci ne raconte
ou ne signifie, n'existe même.

Face à Balzac, dans la partie gauche du
récit, apparaît donc, idole ou fétiche, momie, le père mort ou l'alchimiste, Balsamo,
cadavre embaumé, revenant de la bouche
d'ombre d'où le rappelle la musique évoca-
trice, statue quasi morte ou immortelle.

De l'autre côté, à droite, face au jeune
Sarrasine, se dresse, au-dessus du tabernacle, bûche obscène, l'autre proto-statue,
dont le sexe est immolé ou sacrifié par cette
scène ou ce geste, la figure du Christ, au
vendredi saint, jour de sa mort. Le modèle
du manque s'érige sur la boîte noire, offert.

Balsamo, image de Balzac, certes. Mais
Balsamo : le baume en italien ou sicilien, les

langues de Cagliostro, se traduirait aussi momie, dans les langues sémitiques anciennes, ce baume sirupeux, cet aromate odoriférant, collant, visqueux, espèce de myrrhe encaustique dont on enduisait ou farcissait les cadavres pour leur assurer quelque immortalité. Or en langue grecque, cela se dit : Christ. L'oint, non embaumé, vainqueur de la mort, passé le vendredi saint, porte ce nom, qui commence par un chi.

Toutes les images prennent cohérence sur de lumineux réseaux d'asymétrie : face à l'idole balsamique, momie décharnée pompeusement vêtue et surchargée de joaillerie, paraît la figure archaïque de la bonne nouvelle, où le plein s'érige en reflet du manque et le manque en reflet du plein. La loi inédite et neuve annule et accomplit l'ancienne loi phallique et violente, et transporte en un autre monde la pauvreté, non la richesse ou le pouvoir ; l'amour, non la dominance. La proto-statue chrétienne suit et dépasse la dernière momie païenne.

Ceux qui ont le dernier mot désignent cet autre monde : l'ultime phrase de Sarrasine assassiné, cinglant d'ironie le cardinal dominateur et sanglant, l'appelle chrétien, mot qui tombe de sa bouche avec sa vie. Dernier mot répondant à la proto-statue, en deux jours d'agonie, mort de Dieu et de l'artiste. Et les extrêmes propos de Madame de Ro-

chefide, levant pour finir un roc inaccessible,
rocher de la foi selon les Écritures, première
pierre de sculpture et de fondation, disent
l'avenir de ce même chrétien après la mort ;
la pureté, la vertu sans autel, une patrie
inconnue.

Là finit notre art sur terre – et va se perdre
dans les cieux, diront, moins d'un an plus
tard, les Poussin et Porbus du *Chef-d'œuvre
inconnu*, alors que les angéliques filles in-
corporelles de Michel-Ange, Bellini et de cent
cathédrales gothiques accourent en foule autour du lit de *Massimilla Doni* pour y pleurer
l'oubli de cette patrie : le génie du christia-
nisme.

*

Je crois en la Résurrection ; mieux, je vois,
je sais, j'expérimente la mort comme un
commencement et non comme une fin. Loin
de nous détruire, elle nous produit ; derrière
nous, en nous, elle nous pousse à la culture,
usages, paroles, pensées, hominité, humanité, derrière moi, en moi, elle pousse à une
œuvre, à toutes heures de jour et de nuit ;
depuis deux mille ans elle ne gît plus devant,
n'embaumez plus les cadavres. Tout vient
d'elle alors que nous paraissons y aller, l'histoire a changé d'orientation et le temps de
sens d'écoulement, il ne court plus vers elle

mais découle d'elle ; laissez les morts enter-
rer les morts. J'attends maintenant l'équivalent de la Résurrection pour la mort
collective nouvelle apparue voici à peine un
demi-siècle et qui, derrière nous, en nous,
inquiète la vie et l'histoire actuelles.

Au commencement, la mort. Au commencement, se lève le fétiche, Auguste Comte a
raison. Le vieillard squelettique sort de la
boîte noire, momie, déjà statue, mais, derrière lui, dans la tombe, dort le sculpteur qui
l'a faite. Sarrasine meurt et son œuvre surabonde, celui ou celle qu'il a aimé survit,
sculpté. Le vieillard momie agonise et sa
famille, perfection de vie et de beauté, donne
des fêtes grandioses. Depuis longtemps le
baume n'a pas préservé le cadavre de Balzac
de la dissolution et ses chefs-d'œuvre,
comme des fétiches, s'ouvrent pour nous
donner de l'or.
La statuaire sort de la mort et la valeur en
vient, de même, et notre œuvre entière en
découlera. Comme si le corps se transformait
en pierre ou en or, ou en cet objet ouvré qui
coule ce matin de lui et participe de lui.
Pleine, dense, chryséléphantine par exemple,
la statue vaut un trésor ; creuse, elle l'implique, le cache, l'enferme, l'inclut. Elle dis-
simule, voile ou enterre le cadavre, c'est-à-
dire la valeur.

*

Tout commence par la fable du paysan pieux à qui son dieu de bois ne rend rien en grâce des sacrifices ou offrandes qu'il lui fait, mais qui, au contraire, en reçoit orages, fléaux, mille catastrophes en retour. L'idole lui donne fortune et puissance le jour de colère où il la casse : un trésor gisait dedans.

De la fable on passe à la morale, en cassant la première peut-être. Socrate, fils d'accoucheuse et de sculpteur, donc statue issue d'un corps ou trésor sorti d'une statue, veut ressembler aux Silènes laids, creux comme des armoires et qui livrent quand on les ouvre la quintessence du concept. La philosophie, pure, gît dans les religions. Les idées nous viennent des idoles.

Ne courez point à l'abstraction, vite dite, comme un jet précoce. Commencez par le savoir, puis par le fabuleux, le mythe et le fantastique, le long chemin de toutes les sciences, d'un côté, ou des contes et récits, de l'autre : le formel si précieux vient de ces minerais. Il gît dedans. Autrement dit, la philosophie, théorie pure et abstraite, ne peut plus aujourd'hui se passer ni de l'encyclopédie ni de l'anthropologie, ni d'emprunter d'abord leurs voies et méthodes – ni donc d'entendre mille récits.

Seule la philosophie sait démontrer que la littérature est plus profonde qu'elle et la précède. Elle gît dedans.

*

Allez donc, comme Gygès, chercher sous la terre une tombe ; découvrir la statue creuse dans le cénotaphe ; voir dans la statue un cadavre ; et trouver la valeur sur le mort, en définitive. Voilà le secret de la fortune des Lanty. Dans la bouche d'ombre une idole et sous le fétiche un vieillard cadavérique : à son doigt voici la bague.

Tout le monde n'a pas la chance que la terre tremble et s'ouvre de soi devant soi. Il faut se lever matin pour l'ouvrir, quand manque le séisme. Pour creuser, trouer, forer, ouvrer, ouvrir le sol, la tombe, le tronc, le morceau de bois noir. Casser le fétiche, ouvrir, ouvrer le cadavre. Ces pratiques d'abord charognardes, funéraires que le fantastique transforme en vol de vampires, l'histoire ou l'anthropologie les découvrent en premier. Au commencement, l'embaumement, la momification. Balzac se moque de Balsamo mais il embaume et momifie le corps aimé, d'abord. Cette première statuaire, cette technique originaire invente l'objet. Le premier objet tel quel est la chair morte, matière inerte au sens rigoureux : objet fon-

damental, conditionnel, transcendantal qui
n'a de nom en aucune langue et qui, pour
cela même, apparaît comme premier objet
tel quel, chose première, en soi, jamais plus
pour autrui ni pour soi, chose et cause à la
fois. Cette statuaire invente donc la matière,
plus la forme, plus la manière de passer de
l'une à l'autre. Elle cherche à conserver la
forme humaine à son tour fondamentale,
conditionnelle, transcendantale au moment
où elle disparaît sans retour, quand la matière, la chair inerte, l'objet tel quel s'anéan-
tissent. Forme humaine apparue au début
des œuvres majeures, tenant de la main
droite et du pied gauche, comme ici même,
les vantaux de la bouche d'ombre. Qu'y a-t-
il après cette forme, sous elle, en elle ?

Trouer, forer, percer au ciseau, ouvrir au
marteau le passage. Le mot expérience veut
dire en précision : pratiquer une issue, la
lumière d'une bouche ou d'une porte. Le
sculpteur après le paraschiste invente la matière, la forme donc, mais surtout l'expérience, le travail expérimental qui d'une
matière sait ouvrer une forme. L'ouvrage.

D'où l'homme artificiel, première œuvre.
Automate, robot, filles mobiles d'airain qui
servaient à table Héphaïstos leur producteur,
golem. En même temps, sur le corps mort,
commence la statuaire double, mère à

gauche de la technique et à droite des beaux-arts.

*

Espace et temps

La partie gauche de *Sarrasine* se ferme et s'ouvre en forme de niche multiple où passe, trône et se cache le fétiche : boîte brillante et blanche, ensuite grise et douce au milieu, boîte noire sous une tenture bleue. La statue de la tête génoise stabilise la mort instable dans l'aile spatiale de la nouvelle ; l'aile droite, temporelle, court et fuit, haletante, de la Franche-Comté à Paris et à Rome ; le sculpteur s'y meut, furieux de génie naïf, ainsi que charge un taureau, mufle bas et souffle long, sur tous les leurres ou masques, droit sur chacun d'eux et zigzaguant de l'un à l'autre, titubant jusqu'à la mise à mort. A gauche, l'ici, à droite, le temps. La fête a lieu dans les trois unités classiques, d'action, d'espace et d'heures brèves, donnant un drame funèbre où se lève une apparition, idole ou spectre, fétiche, revenant, statuaire au fondement des unités ; de l'autre côté, une vie erre – change de lieu, se trompe de cible. Rien de plus profond que cette errance

quand on veut décrire la durée. L'être-là,
d'un côté, le temps ou l'erre, de l'autre.

La plupart des corps vivants ressentent et
font voir une moitié immobile et froide, leur
propre statue, en face d'une autre volante,
dansante, chaude, active, souple, rapide,
leur propre errance ; gauchers ou droitiers
décidés, nous voilà tous hémiplégiques, moitié sculpture, moitié musique, vivant là pour
notre propre compte et nous mirant dans le
côté objet, noir. mortuaire et glacé. Le je vif
traîne à son plus proche voisinage son image
raide. Qui dira celui qui enferme le secret de
l'autre, puisque l'un contient le néant de la
mort et que l'autre porte l'absence errante,
vide et subjective qui dit ou crie « je » ? Le
récit de *Sarrasine* déploie le corps qui
l'ouvre.

Mais l'idole apparaît dans un lieu musical,
au milieu de l'hôtel où l'on chante et danse ;
et l'errance du sculpteur le plonge dans la
musique : les deux parties, énantiomorphes,
font apparaître, dualement, l'un des deux
arts sur le fond de l'autre. *Sarrasine*,
chimère, croise le lien commun aux arts
comme nos corps communs, chimériques,
croisent les liens qui les unifient. La statue,
stable, erre dans l'hôtel en échappant à ses
gardiens, et apparaît parmi cavatines et
contredanses ; le statuaire court derrière les
appas ou artifices de la musique.

*

Où se trouvent la *Diane* de Houdon ou la *Marseillaise* de Rude ? Au centre de la place de l'Étoile, sur le pilier droit de l'Arc de Triomphe, quand on le regarde selon l'axe courant depuis le Louvre dans le sens où coule la Seine ou au milieu d'une salle à demi circulaire où la pénombre fait éclater sa blancheur, dans la Frick Collection, à New York, en face de Central Park. Questions mal posées, réponses flottantes. Les sphinx de Karnak rythment l'allée qui conduit vers le lieu que les obélisques annoncent et que la statue colossale du dieu tient. Non, la statuaire ne se transporte pas sur un point déjà défini ou choisi ; au contraire, elle définit ce point. Comme si le dieu l'avait choisi. Ou comme si les Marseillais, venus de loin, avaient fondé nouvellement Paris, là. La statue, statique, est identique à l'être-là, elle est le lieu, le site ou ce sans quoi nous ne saurions jamais poser la question : où ? La statue est l'être du là. On va disant qu'on peut tourner à loisir autour d'elle. Certes. On peut aussi tourner autour de n'importe quel lieu. Autrement dit, ainsi se définit un lieu, comme condition de la ronde infinie ou fermée des points de vue sur lui. A son tour et plus fondamentalement, la statue définit ce lieu-là. Pas de site sans pierre posée ou levée, sans roche en qui se fie la référence.

Où se trouve ce branle de Couperin le Grand ou le *Requiem* de Fauré ? Ni dans le manuscrit, ni dans les partitions éparpillées sur la surface de la terre, ni au ras des cordes sur le clavecin qui le joue, ni sous la baguette de ce chef d'orchestre, ni dans telle salle à telle date, nulle part ou partout : la musique erre. Sans feu ni lieu.

Telle statue, telle référence, singularité d'un site. La musique, langue universelle de l'errance. Ces deux arts, duaux, se regardent l'un l'autre, énantiomorphes.

La *Marseillaise*, par chance, chante, comme si le groupe statuaire cherchait, par la musique, à occuper ou fonder tout le lieu sis entre Paris et Marseille.

*

J'ai déjà raconté la lutte à mort d'Hermès et du paon. Argus, à la peau parsemée d'yeux, boule omnidirectionnelle claire, voit, de son site panoptique, tout alentour. Vous pouvez tourner autour de lui, tout est toujours déjà prévu, vous verrez, certes, mais serez vu, par l'incontournable théorie. L'espace devient l'empire de l'être-là, qui veille, surveille, même la nuit ou quand le sommeil aveugle la moitié seulement de ses paupières, une étendue intégralement couverte par son ultra-lucidité. Nul n'approche l'être-là sans passer par son lance-flammes. Alors Hermès invente la lyre.

Et la musique baigne la singularité spatiale, la référence divine, royale, centrale qui possède tout l'espace à partir de son étoile – rien de nouveau sous ce Soleil –, elle l'immerge dans une onde invisible, occupant le volume sans tenir aucun point, universelle, courant le flux du temps, exactement errante. Argus ne sait plus où tourner ses regards.

La musique nous tire des larmes qui voilent notre vue de l'espace.

On peut imaginer Argus hagard. Bouleversé. Il ouvre désespérément tous les pores de sa peau pour voir ou expérimenter le flux invisible qui les pénètre. Ainsi le sculpteur à l'Opéra. Il découvre une expérience sans regard, lui qui ne sait connaître sans voir. Il court derrière l'errance, lui qui ne sait que le lieu. Il va de lieux en interférences, lui qui ne se fie qu'à la référence.

La statue panoptique, désorientée, meurt de la cithare inventée par l'errance.

*

On peut dire Sarrasine, passionné, ivre de désir, courant furieux derrière le sexe. On peut lire les mystiques, de l'angoisse à l'extase, comme une variété de malades mentaux. Mais les fous n'écrivent pas comme saint Jean de la Croix. Les hommes aiment les femmes, mais ne sculptent pas tous à l'égal de Michel-Ange. On peut imaginer Sarrasine comme un taureau chargeant la jupe rouge de la Zambinella et ne trouvant que du vent à chaque coup de corne, mais s'embrochant de lui-même dans les poignards du cardinal comme sur une muleta. On peut : cela veut dire possible, permis, souhaitable, aimable autant qu'on voudra. Le texte même amène là. Le sexe attire, son absence déçoit : et si l'erreur sur le sexe faisait leurre encore ?

Un héros de roman s'éprend d'une fille fausse dont les amis organisent une partie fine plutôt sage, souper baptisé orgie, pour rire de lui et de sa déconfiture quand il apprendra que la fille fausse cachait un castrat. Récit de quatre sous, à la lettre douteux, où des théâtreux jouent les travestis. Meurt-on vraiment de ce qu'on peut trouver dans Casanova ?

Naïf, Sarrasine donne dans tous les panneaux comme fonce le taureau sur le leurre rouge, derrière lequel il n'y a, en effet, que l'épée pour celui-ci ou le poignard pour celui-là, quand certaine loi phallique revient. Mais la bête au front bas elle-même apprend vite à charger à côté du voile flottant devant le vide, et un affreux carnage commencerait si on n'abrégeait pas la corrida dont la longueur égale exactement le temps d'apprentissage. Il faut vite arrêter la nouvelle et tuer Sarrasine.

Naïf, le lecteur donne généreusement dans les mêmes panneaux comme fonce le sculpteur sur les dentelles et volants derrière lesquels il n'y a pas ce qu'il espère. L'auteur lui donne à peine le temps de l'apprentissage et clôt vite le récit qui, trop long, n'abuserait plus quiconque, même naïf.

Naïf, le critique donnant dans le sexe différé, puis dans le sexe absent ou l'erreur de sexe. Mais il apprend, lui, parce qu'il dispose d'un temps plus long que le récit d'une vie brève ou que le soir d'un entretien dans le boudoir d'une marquise pensive ou que l'heure de lecture courante et suspendue. Trop naïf donc s'il en restait à la poursuite déçue du sexe. La nouvelle couple la mort à son leurre comme la course de taureau ajoute aux charges sur la cape la mise à mort, et nul ne dirait, sauf grave méconnaissance de ce qui se joue dans l'arène, que la corrida ne consiste qu'en la suppression de la cible.

Cette absence cache une absence plus fondamentale.

*

Telle affiche au carrefour fascine d'autant qu'elle montre et cache un sexe, attirante et décevante, brûlante ou châtrée. Pendant que nous courons à ce papier, des enjeux d'argent dans notre dos se décident, les marchands écoulent leurs produits. Même chose dans la critique : l'explication par le sexe passionne, mais la clarté qu'elle apporte croît en proportion inverse de l'intérêt qu'elle produit. Pendant que l'attention se fixe là, on peut faire ou dire n'importe quoi, protégé par la chaleur et l'éclat de ce feu. On peut ainsi approcher ou toucher les grands wapitis en rut, d'ordinaire si dangereux et inaccessibles.

*

Autrement dit. Un sculpteur tombe amoureux d'une cantatrice dans un théâtre de Rome. Il aime comme tout le monde ce que tout le monde aime en même temps et dans le même lieu. Une histoire d'amour suit, manquée comme beaucoup d'autres et presque toutes, puisque presque toutes fondées sur le même mimétisme. Lui fait d'elle une statue, elle le tourne en dérision et précipite sa mort : il tombera, victime de trois stylets. Voilà le tissu de toute tragédie.

Or une histoire parallèle précède celle-là ; née sans doute dans de semblables conditions à l'Opéra de Paris, elle avait réuni pour un temps Sarrasine et Clotilde, illustre nymphe tout aussi célèbre que le castrat romain et qui, tout aussi légère, s'était, semble-t-il, déjà jouée de lui. Retourne à tes statues, je l'emporte à peine sur elles, lui fait-on dire quand elle renvoie son amant à l'amour des arts. Sarrasine cherche l'œuvre, non la femme, et la femme cherche qu'on la cherche, elle et non une statue, elle, vivante et sexuée, non la statue morte et sans sexe dont son amie perfide, Sophie Arnould, voit bien, comme Sarrasine, qu'elle réside et dort cn elle. L'artiste déjà aime un castrat : il recevra le coup de foudre à Rome, entre deux gros abbés qui ont fait vœu de chasteté. Sarrasine manque Clotilde parce qu'il désire ce morceau de pierre en elle, ou, mieux encore, le fétiche qu'elle enferme, l'idole japonaise, momie, squelette, poupée de mort que chacun de nous recèle, vous comme moi, ou Clotilde et Zambinella, et qui finit par apparaître. Non, non, ce n'est pas moi, dit la cantatrice, mais un corps couvert de pierre, de pierres précieuses, de ces bijoux que porte la fille d'un roi qu'on salue au passage. Non, ce n'est pas moi mais la statue faite par l'autre. Les amours manquées de Sarrasine et de Clotilde contiennent le secret du second échec, ainsi que le partage du corps vivant et de la statue froide et morte, partage qui ouvre l'œuvre et la sculpte, la compose et la déploie, contiennent, de plus, le secret de l'œuvre ainsi que le partage du corps vivant et de la nouvelle.

Ces deux histoires parallèles et identiques reçoivent une lumière croisée de l'autre histoire parallèle mais, encore un coup, énantiomorphe, qui réunit le narrateur et la marquise de Rochefide : roc inaccessible, dit-elle d'elle-même, je me présente comme une statue. Rochefide, pierre debout, référence fixe et fiable, fidèle. Le narrateur veut faire d'elle une âme émotive, exaltée, brûlante et délicate, passionnée... Singulière tyrannie, répond-elle, vous voulez que je ne sois pas *moi*. Non, ce n'est pas moi, dit la statue, mais quelque ligne ou fil auquel le moindre souffle d'air donne une forme qu'il roule et déroule, développe et disperse... Voilà, vraiment, le moi.

*

Non, non, ce n'est pas moi, dit la cantatrice, mais une statue ; non, ce n'est pas moi, dit la statue, mais une sorte de musique...

Erre la musique, la sculpture marque l'être-là, celle-ci n'attrapera jamais celle-là, Sarrasine n'aura ni Clotilde ni la Zambinella ; comme il arrive, certes, qu'un homme manque une femme ; comme un héros mi-

métique, certes, passe à la place de la victime
tragique ; comme un sculpteur ou un savant
alchimiste peuvent vainement courir après
une jeune cantatrice, comme après l'enfance
ou l'immortalité ; mais, profondément et par
prosopopée, comme la singularité spatiale,
funèbre, objective et glacée, immobile de la
sculpture, nie dualement, l'universalité
fluente, ubiquitaire et invisible de la musique. Comment la forme en tant que telle
pourrait-elle rencontrer ce qui se déforme au
moindre souffle de l'air ? Orphée se retourne
et se transforme en colonne de sel, statue
féminine et sodomite. Comment pourrait-il
rattraper jamais Eurydice qui s'évanouit ?

La musique, leurre du lieu, se développe
et se disperse dans l'espace et se dissout dans
le silence. Dure la sculpture, lourde et loyale
comme la pierre et la matière, dure et
franche comme un objet, dure au sens des
hautes forces nécessaires pour la forer, polir,
pour l'ouvrer ou la déménager ; douce la
musique, au sens des basses énergies du
signe, légère, même pas mensongère,
puisque plus douce que la langue en qui
encore pèse le sens, attachée parfois à la
référence : le sens dans la langue, affirmant
ou niant, peut mentir et masquer, séduire ou
tricher, tout autant qu'il veut ; la musique,
hors du sens, avant lui ou au-delà de lui, se
meut avant la tromperie ou au-delà d'elle.

Souvent la langue garde trace du sexe par le genre, masculin ou féminin, articles, noms, pronoms femelles ou mâles ; la musique, libre de genre parce que libre de langue, peut se dire androgyne et hermaphrodite, neutre et complète, eunuque par la main des hommes et par nature et pour le Royaume de Dieu. Voici la musique castrat et le castrat chanteur, voici le lien de la prosopopée au personnage et le ressort de la démonstration. Le récit trompe et nous trompe par la langue ; la musique rend Sarrasine hagard et le tue, en dessous même du leurre et dans sa condition.

Comment accorder maintenant le dur et le doux ? Par le récit littéraire, troisième homme des deux arts.

*

Statue, me voici châtré. A mort. Nous voilà châtrés par la musique et sa complète perte du sens. La castration, universelle, passe par la dureté objective et par la douceur d'avant le signe. Autant dire que tout esprit comme toute chair la subissent et l'acceptent. Sarrasine sculpteur chaste aime sans espoir Clotilde statufiée ou le *musico*-castrat, Balzac n'aura pas le roc inaccessible.

Au commencement, le corps ne connaît pas de bords, ni intérieurs pour le rythmer de parts, fonctions, membres ou articles, ni externes pour le séparer d'un monde : il ne s'individue ni ne peut se définir. Sa nébuleuse au commencement se mêle à un mélange indéfini, vague et universel. Chaos de couleurs et de tons, la belle noiseuse se dissout dans l'eau de mer comme une goutte de vin dans la Méditerranée, avoisinant Chypre et Malaga en même temps malgré sa petitesse. Si je coupe ma jambe et la lance dans l'océan, les flottes française et anglaise évolueront demain dans mon membre liquéfié. Une jambe glacée s'apparente aux arbres du jardin, couverts de neige déjà ; le côté gauche, épaule et pied, danse comme et avec les femmes brillantes, lumineux et blanc, lustre, brûlant dans les salons chauds. Le corps, sans nom, sans bord ni définition, s'épanche ou, mieux, s'expanse dans l'espace sans limite et le temps sans orientation, avec sa propre consistance de chair molle et à demi fluide, mi-dure mi-douce, flux visqueux à solidité moyenne, mélange.

L'expérience reconnaît une quelconque altérité. Elle demande, exige, requiert pour cela une limite, un bord, une catastrophe. Il faut nommer castration cette première catastrophe ou coupure dans l'indéfini formant une première frontière. L'immense pseudopode qui va de Chypre à Malaga s'interrompt ; un pied vivant, délicieux, d'une

beauté souveraine se définit soudain sur le
fond chaotique et mélangé, comme Aphrodite naît de la mer noiseuse. Pied enflé, pied
coupé. Sans cette castration, il n'y aurait ni
corps ni monde, les deux restant mêlés, à
bords flous. Il s'agit de la première expérience, au sens radical d'ouverture du premier pore. Le corps, maintenant, rencontre,
à ce bord défini, tout autre chose que lui.
Une pierre, un objet, un rocher inaccessible.
Il reconnaît désormais, à cette catastrophe,
l'autre absolument parlant.

Femme ou homme – qu'importe ! –
subissent indistinctement du monde ces mu-
tilations naturelles qui font d'eux des corps
de plus en plus vivants et à peu près indivi-
dués, pouvant soudain sentir, recevoir puis
connaître le monde. La richesse des percep-
tions et les pensées claires croissent proportionnellement au nombre et à la précision de
ces catastrophes.

La castration précède le sexe. La coupure
même définit le sexe et lui donne son nom :
secte, section, intersection. Par cette catastrophe ou limite primitive qui fit de nous,
hermaphrodites à l'origine, c'est-à-dire corps
mêlés, Théodore et Dorothée, des femmes
ou des mâles, nous pouvons sentir puis
connaître les autres. L'ouverture à autrui
croît proportionnellement à la vivacité de
cette deuxième coupure.

L'état originaire, fondamental et conditionnel, transcendantal, reste le mélange
dont nous conservons toujours quelque
trace. Le retour volontaire à ces conditions
et la reprise courageuse des castrations ou
catastrophes premières caractérisent l'aventure du producteur, de l'inventeur ou de
l'artiste, sculpteur ou musicien, littérateur.
Pas d'œuvre sans cette troisième épreuve où
se définissent les arts et les sciences.

La catastrophe qui ouvre au monde nous
advient à tous dès le sein de la mère ; la
deuxième, qui nous donne accès aux autres,
nous fait eunuques par l'action des hommes ;
et la troisième, qui nous transforme en
hommes d'œuvre, nous l'opérons sur nous
de nous-mêmes, quand nous cherchons le
Royaume de Dieu.

*

La musique nous ramène à cette soupe
primitive que les physiciens d'Ionie appe-
laient autrefois l'indéfini sans limite quand
ils observaient ou pensaient sa figure cosmique, mêlée que Balzac fait ouïr et fluctuer
sous le pied de la Belle Noiseuse, soubasse-
ment ou condition que Rodin, comprenant
admirablement celui qu'il modèle, laisse informe au-dessus du socle, matière première
d'où se lève Balzac statufié. Toute œuvre

commençante ou tout commencement appelle la musique dont l'épanchement délivre
de toute limite, dont l'expansion efface bords
et catastrophes, dont la plénitude absout
toute castration. Le corps inonde à nouveau
la plaine de son archaïque indéfini et plonge
dans la joie transcendantale, condition dans
le sujet de tout bonheur. Les frontières de
l'individu se dissolvent comme dans l'abso-
lution ou l'absolu de l'orgasme ou de l'extase. La musique nous boute hors de nos
pores par où le monde rentre pour se mêler
à nous qui nous mêlons à lui, nous revenons
aux conditions antérieures à l'expérience,
quand la distinction de l'extérieur et de l'interne ne nous avait pas encore châtrés, de
sorte que l'âme, le vent d'âme, comme jadis,
anime l'espace et les astres et que ceux-ci
s'alourdissent de nos corps. La boule panoptique d'Argos, ultra-définie, festonnée de
catastrophes, sphère monadique méticu-
leusement castrée, explose – explose la statue plongée dans l'universalité musicale.
Voilà l'histoire vraie du sculpteur qui aimait
la cantatrice fausse.

*

   Mais, au fait, qui brandit le ciseau, instrument de castration ? Qui casse, coupe, taille,
polit ? Qui définit des limites, bords ou fron-

tières ? Le sculpteur. Qu'est-ce qu'une statue ? Un ensemble clos de catastrophes, qui
empêchent l'épanchement ou compressent
l'expansion. Le ciseau, précis, tranche dans
la mêlée.

Qui châtre ? Bouchardon. Qui castre ? Sarrasine.

Sarrasine réduit Clotilde à une statue et
cisaille la Zambinella.

Et place à tout jamais la bûche obscène
en haut du tabernacle, un vendredi saint.
Castration, mort, Royaume de Dieu. Cette
statue du Christ, décidément, domine la nouvelle. On comprend que les jeunes jésuites
ou critiques n'aient rien compris. Mais les
vieux souriaient. Ils se souvenaient de Matthieu : qui peut comprendre, qu'il comprenne ! Le castrateur a mis le phallus en
lieu sûr : si évidemment exposé, nul ne le
voit, tout le monde l'adore.

Derrière le ciseau de Sarrasine se cache le
stylet, tout aussi précis, de Balzac. Avez-vous
vu, à l'entrée du bal, sa cavalière ? Danseuse
élégante et jeune, aux formes délicates, figure fraîche, blanche et rose, comme celle
d'un enfant ; transparente comme glace
pure, elle flotte à travers sa robe de gaze, se
mêle avec le vieillard, qui du coup retrouve
sa musique, court, traverse les salons, se jette
dans un divan, oublie tout dans la fascination
que lui donne l'*Adonis* de Vien, au point

qu'elle ne s'aperçoit pas qu'on lui prend la
main, valse, audacieuse, avec un jeune aide
de camp, sous le regard fâché, boudeur, en-
vieux de son jaloux : silhouette sans nom,
vague, admirable de liquidité musicale. Que
devient-elle, dès le lendemain ? Méconnais-
sable. Et le narrateur, ici, se plonge dans la
même extase que celle de Sarrasine quand il
vit pour la première fois la Zambinella : dans
les deux cas, voici les premières et délicieuses sollicitations de l'amour. Quel amour
qui ressemble à ce point à la haine ! Mécon-
naissable, dis-je : Madame la marquise de
Rochefide, raide, parle d'autels et de vertu,
juge, punit, rocher du conseil, roc inaccessible, statue.

Qui brandit le stylet ici, qui tenait tout à
l'heure le ciseau, sinon celui à qui elle re-
proche : vous voulez que je ne sois pas moi ?
Qui taille et tranche dans le moi, qui définit
l'indéfini ?

Dans une nouvelle policière, les causeurs
curieux ne s'accordent pas toujours sur le
nom de l'assassin.

*

La musique sculpte elle-même l'état mêlé
de mille et une limitations et catastrophes
puisqu'elle fait parfois revenir l'épanchement sur soi, retournant son flux, par me-

sures, contrepoints, fugues, ritournelles, toutes techniques de symétrie qui empêchent localement l'indéfini d'envahir confusément le lieu. Ainsi le coupe, le châtre, endigue la noise et la mer. L'arithmétique des anciens Grecs limitait l'illimité, comme la musique, et la produisait.

A première vue, la sculpture, toute définie, saturée de castrations, s'objective, forme en deçà du langage et du sens, face à la musique, sujet temporel avant tout sens et toute langue, informe, indéfinie. Tout beau, l'énantiomorphie revient. La matière de la première donne au ciseau l'indéfini et les algorithmes de l'autre imposent au flux envahissant les fins et fixité du défini.

Le castrat, par caprice, s'arrête de chanter, refuse, recule, discontinue l'air ; devenu vieux et squelettique, il s'immobilise, statufié.

Zambinella, musique, se statufie sur ses vieux jours, à Paris, de même que Sarrasine, sculpture, devient musique, à Rome, dans sa jeunesse, au théâtre de l'Argentina. Comme notre corps, la nouvelle se découpe en deux parties, l'une douce-dure, l'autre dure-douce.

*

Les causes et les choses

Amaigri, raide déjà, squelette, cadavre, le vieillard mystérieux apparaît au milieu de la fête comme la statue du commandeur. La première partie du récit ou son côté gauche, selon le sens de la lecture, s'achève par la mise, la remise en boîte noire du chanteur castrat changé en idole ou fétiche et revenant : le squelette retourne au placard, la statue dans le tombeau.

La musique identifiée à la sculpture entre dans un secret tel que le lien commun aux arts fuit toujours ceux qui le cherchent.

La deuxième partie, à droite, va dévoiler la vérité. Quelle vérité ? Quelle boîte noire ouvrir ? Pourquoi ? Comment ? Les curieux causent et posent les questions : Qu'y a-t-il ? D'où vient-il ? Faut-il chercher l'identité d'une personne et poser la question : « Qui ? », ou le sexe de la même personne, il ou elle ou mouton mutilé, où doit-on se diriger, comment s'orienter ? Les boîtes noires vont s'ouvrir l'une après l'autre, progressivement, le collège de Jésuites, le saint tabernacle un vendredi saint, l'atelier de Bouchardon... et soudain le théâtre tout illuminé de lustres et de gloire qui montre sur les planches aux acclamations de la foule une prima donna bien visible et reconnue ; à la suite d'escaliers sombres et de corridors

compliqués comme des labyrinthes, un mystérieux appartement aussi brillamment
éclairé que somptueusement meublé où Sarrasine pénètre, ébloui, comme si le festin se
tenait sur la scène même du théâtre, boîte
blanche de la boîte blanche où étincellent les
facettes des bouteilles au cours d'un banquet
où la statue, en remontant le temps, rede-
vient un corps tangible et désiré ; nous ré-
solvons la question « Qui ? », sans doute ; à
nouveau, s'ouvre chez l'ambassadeur, à
Rome, pour une fête symétrique de la réception à l'hôtel Lanty, la boîte noire-blanche
où la question du sexe et de son manque se
résout. La séquence des boîtes claires, ou-
vertes, où quelque chose ou quelqu'un s'ex-
hibe en pleine lumière, correspond à la suite
enchaînée des tombes sombres, fermées, en-
veloppées, en les inversant. Les deux côtés
de la nouvelle se reflètent, on croit voir que
la droite dit la vérité de la gauche, alors
qu'elle la représente. Autant les seuils des
premières se voilent, rideau de moire, porte,
guichet, tenture bleue, autant les secondes
s'ouvrent largement sur l'espace, cour de
palais, place où se presse la foule, parc pour
la promenade. La vieille duègne reflète, en
femme guide, le gardien mystérieux, génie
qui ferme l'appartement privé. Les voiles se
lèvent donc aisément les uns après les autres,
mais en faisant varier les problèmes dont la

multiplicité appelle un ensemble de réponses. Les philosophes invités à boire
n'avaient pas, dès les premières lignes, posé
qu'une question.

D'où vient-il ? D'Italie. Qui sont-ils ? Les
descendants latéraux de la Zambinella. Qu'a-
t-elle fait ? Elle a trompé un amoureux sur
sa personne et son sexe. Pourquoi ? Pour rire
et se divertir. A la batterie des Qu'y a-t-il ?
et des Comment ? pourquoi n'apporter
qu'une solution ? D'où vient la fortune des
Lanty ? De l'art. Mais encore ? D'un cardinal
protecteur. Vraiment ? Du crime aussi. Mais
qui a tué ? La question « Qui ? » foisonne. Le
vieillard, tête génoise, s'appelle bien Zambinella, mais encore ? Célèbre chanteur. Puis
castrat. Enfin responsable d'un assassinat.
Mais qui encore, puisque l'exigence surabonde ? Le narrateur lui-même : Balzac et le
corps observant au début et Sarrasine aimant
et mort ne font qu'un[1]. L'interrogation ne
s'arrête pas dès que la boîte noire incons-
ciente se remplit de langage. Qui encore, ou
quoi ?

*

Il faut avoir travaillé longtemps à la cam-

1. Pierre Citron, « Interprétation de Sarrasine »,
L'Année balzacienne, 1972, pp. 81-97 et « Dans
Balzac », *ibid.*, 1986, pp. 85-101 et *passim*.

pagne pour connaître les pratiques de la castration, intervention fort usuelle en ces lieux
sur les plantes ou les bêtes. Les médecins ou
charlatans des siècles passés opéraient les
jeunes mâles des hommes dans le secret,
contre la volonté expresse et les décrets de
l'Eglise catholique, bien que celle-ci accueil-
lît volontiers dans ses chœurs ceux qui,
parmi eux, la chose faite, manifestaient du
talent. On invoquait de possibles accidents...
L'histoire n'a donc gardé que de rares té-
moignages sur un art interdit qui devait imi-
ter celui des vétérinaires ou empiriques du
monde rural. Les techniques varient selon les
gens et les lieux. Qu'on utilise la ligature du
scrotum, la pression des casseaux ou l'abla-
tion, plus héroïque, des glandes, toute am-
putation laisse sauf le pénis. Il n'y a donc
pas qu'un manque sous les voiles féminins
de la Zambinella qui ne se défend pas pour
rien des privautés du sculpteur. Ainsi l'idole
japonaise, avec la danseuse, ne forme point
un Hermaphrodite simplement par méta-
phore. Que je sache, les Hermès antiques
exhibaient un membre érigé mais non les
gonades. Sexuel non génital, déjà.

Certains castrats souffraient une vie de
bœuf ou un destin de victime. D'autres
avaient tiré le gros lot. Les femmes et, fata-
lement, parmi elles, les plus riches ou titrées,
s'arrachaient passionnément les mieux doués

sous un autre rapport que celui d'une voix
rare. De tels amants ne leur faisaient courir
aucun risque de progéniture : seule la pilule
les a remplacés. L'hypophyse supplée en
abondance les hormones manquantes, qui
n'a vu chats ou chiens châtrés se livrer à
mille galipettes ? Tirant profit de leur double
rareté, de la concurrence acharnée à laquelle
se livraient, pour eux, les théâtres et les
cours royales, les femmes et les mâles rêvant
du pénis absent de la mère, ces demi-dieux
d'une société disparue pouvaient amasser
une fortune et une gloire grandioses. Nous
avons perdu tout souvenir d'un tel tapage
comme toute oreille pour une telle musique.
L'Europe entière gisait aux pieds de ces ve-
dettes insolites et inouïes.

Croit-on que Madame de Rochefide eût
crié si vertueusement au scandale, elle si
avertie de Paris, si le talent vocal du castrat
Zambinella plus quelques recettes bancaires
communes eussent à eux seuls expliqué le
faste de la maison Lanty ? Non ; voici le cadavre dans le placard : l'idole, statue ou fétiche, sort d'un passé inavouable de putain
princière intersexuelle et internationale. Lien
commun voilé par les prestiges de la hautecontre.

*

S'il ne s'agissait que de nom, de personne et de sexe, la dernière boîte noire ne s'ouvrirait pas, où gît l'ultime secret. Sarrasine vient de porter la main sur le chanteur enfin habillé en homme et qui se retrouve, à moitié mort de peur, dans l'atelier sombre et nu, face à sa propre statue. Vien et Lautherbourg, entre autres, ont prêté main-forte au sculpteur dans cet enlèvement. Qui sont-ils, eux, et d'où viennent-ils, pourquoi, comment ? Vien, plus tard, nous l'avons appris déjà, copiera la statue de marbre exécutée par les ordres du cardinal et Girodet prendra modèle sur cette copie pour l'*Endymion* du Louvre et du joli boudoir tendu de satin bleu. Ce lien ne fuit plus ceux qui le cherchent : fil qui court d'œuvre en œuvre, de la sculpture à la peinture, et lien qui attache la première et la seconde partie du récit ou son côté gauche à son côté droit – le premier fil, sans doute le seul. L'unique chemin d'accès aux vérités de cette histoire passe par un tableau et son modèle, par une statue et son type, par le lien commun à deux récits et à deux arts. Par des choses, non des hommes.

Philippe-Jacques de Lautherbourg, quant à lui, né en 1740 et mort en 1812, inventa une grande machine qu'il nomma *Eidophysikon*, sorte de panorama mobile, peinture, théâtre, architecture et déjà cinéma, muni

de musique et de lumières changeantes, un
peu plus qu'opéra. On se souvient de *Gambara*, où le compositeur et facteur de ce nom
tombe avec sa femme dans la plus noire
misère sans avoir pu imposer son *Panhar-
monicon*, nouvel instrument dont nous ne
savons rien que le nom, qui indique aussi un
essai pour capter la totalité musicale. Vien
serre le lien qui tient le récit et résout son
problème tandis que Lautherbourg construit
l'ichnographie, le géométral où se projettent
tous les arts. Nous approchons de la solution.

Or ici, dans l'une des luttes finales de *Sarrasine*, entre la cour du palais, sous la nuit
obscure, et l'atelier sombre, il me semble
voir que tous les arts, justement, se joignent
pour empoigner la musique. Toutes les muses
concourent autour d'elle, qui les a fuies, de
boîte sombre en chambre claire, depuis
l'Opéra de Paris où Clotilde la danseuse a
laissé Sarrasine à ses pierres, qui les fuit
encore à Rome, du théâtre au festin et du
parc à l'ambassade, qui les fuira au voisinage
de la mort... de même qu'Eurydice s'évanouit quand son compositeur se retourne...
elle s'échappe comme Protée, insaisissable à
chaque prise... il faut l'enlever enfin, l'arrêter, la lier pour apprendre vraiment qui elle
est, comment nommer celle qui n'a de nom
que la communauté des muses ou que le lien
commun à tous les arts, à quel genre et à

quel sexe elle appartient, pourquoi elle rend
fou et comment elle guérit, d'où elle vient,
de quoi elle est la cause... mais Sarrasine va
mourir d'avoir voulu la dévoiler, avant
d'avoir pu le faire, sans la dénuder ni décider... pourquoi ? ... parce que la musique
conditionne tous les arts et reste derrière eux
comme Eurydice marche loin dans le dos
d'Orphée ou la famille de Lot dans le dos de
la femme changée en statue ou comme les
Enfers et Sodome en feu explosent derrière
Orphée ou la colonne de sel retournés, musique derrière tous et inconnue de tous
quoique présente en tous et leur donnant
mouvement et vie, esprit et feu, musique
inaccessible parce que privée de sens alors
que le sens gèle, définit et emprisonne les
autres arts, musique sans définition, indéfinie, infinie par rapport à chacun d'eux stric-
tement défini dans sa pierre, par sa langue,
par sa forme et dans ses tons, musique sans
genre ni sexe, de tout genre et de tout sexe,
prenant tous les sens et tous les habits, l'omnitude des apparences... elle fuit ceux qui la
cherchent et ceux qui l'enlèvent aussi... elle
est enfin le lien commun à tous les arts, cette
Zambinella qui fuit toujours ceux qui le ou
la cherchent, Gambara et Vien et Lautherbourg et Sarrasine... apparaît ici, dans les
feux de la rampe, chanteuse au corps
construit de parties parfaites, femelle, Eury-

dice, mâle, homosexuelle, avec ou sans sexe, androgyne, panharmonique... réapparaît comme danseuse... comme statue de glaise, de pierre, de marbre, femme de Lot gelée dans son sel... réapparaît comme tableau de Vien, de Girodet... comme corps aimé de la nuit divine... comme fétiche ou idole japonaise... momie couverte de joaillerie ouvragée... réapparaît comme récit raconté pour séduire une marquise... comme nouvelle de *La Comédie humaine*... puissé-je provoquer son apparition, moi qui l'évoque en cette page qui ne la définit pas mais qui la traîne derrière elle comme une queue de comète, page dont la beauté n'adviendra que par sa venue retenue. L'artiste cherche la musique, l'aime, l'enlève, s'en saisit presque et ne la nomme pas. Il la tuerait s'il la tenait, s'il se retournait sur elle et n'inventerait plus. Il espère qu'elle le suit, derrière, et qu'elle apparaît dans son sillage, où qu'il passe, et se laisse, à la fin, mettre à mort par elle.

*

Socrate nous oblige à chercher le sens, analytiquement, dans le langage, hait les amples rhapsodies, les arrête et les dépèce, membre à membre. Ravagé par le goût de la mort, ce fils de sculpteur se couche en débattant avec ses disciples, après avoir accepté les lois et la sentence qui le condamnent, avoir bu la ciguë dont le froid le raidit en l'envahissant peu à peu à partir des pieds : le voilà devenu statue, œuvre de son père. Or, dans la prison, à l'article de la mort, il se souvient d'apprendre la musique et ses doigts gourds errent sur les cordes vibrantes, essayant de retrouver pendant l'agonie les rhapsodies que sa vie n'avait cessé d'assassiner.

*

Mourir enfin, là est la question. Dans l'atelier sombre et nu, la noise gronde, cherchant qui dévorer. Nul ne sait sur qui ni sur quoi l'agonie qui rôde va finir : le mot mort se répand, nombreux et mobile sur la page, fluctuant et mal fixé, terrible.

Sarrasine fait face à la Zambinella qui n'ose regarder la statue faite par l'un et représentant l'autre, matérialisant leur relation, tous trois jouant sans témoin une dernière scène où la haine paraît se substituer soudain à l'illusion pathologique à laquelle on ne cesse de donner les noms d'amour ou de désir et qui ne fait que liquider de vieilles haines, de sorte que la noise n'a jamais quitté la place et châtre tout et tous depuis longtemps, depuis l'enfance du chanteur castré, ou l'adolescence du sculp-

teur dans la basoche et au collège parmi un
bataillon serré de pères et de maîtres. Elle
veut une victime, au hasard, maintenant.

Les sicaires du cardinal qui ont suivi de
loin l'enlèvement veillent à la porte. Le sculpteur, ainsi menacé, menace le *musico* de son
épée, présent de Bouchardon – me pardon-
nera-t-on de m'arrêter en ce moment fatal
pour lire, à propos de castration, dans le
nom de Sarrasine, la herse hérissée
d'énormes pieux ferrés qu'au Moyen Age on
abaissait entre le pont-levis et l'entrée du
château fort, et dans le nom de son maître
le marteau à boucharder, ce rouleau armé
de grosses pointes qui entament les parties
saillantes des pierres mal dégrossies ? Jugez
de la terreur qu'inspire une deuxième fois
au chanteur ce tranchant, et Sarrasine crie
de manière à la lettre extravagante : meurs !
tu vivras ! je suis mort ! Il ne sait sur qui ni
sur quoi son sabre va tomber puisqu'il saisit
aussi un marteau et le lance sur la statue
avec une force si extravagante encore qu'il
la manque. La destruction de l'œuvre, du
créateur ou de l'interprète hésite et tremble
entre les trois.

La musique, une fois de plus, s'en échap-
pera ; la statue reste debout, réplique spatiale, donc fausse, de la partition temporelle ;
et le sculpteur meurt. Mais la pierre ne vaut
pas mieux que chair morte ou féminité illu-

soire et le chanteur, bientôt, sortira de sa
tombe en forme de cadavre ou momie. La
mort gagne toute la partie.

Commune condition des arts et lien qui les
rassemble, la musique les suit comme une
queue de comète, mais derrière elle encore
rôde l'ombre de la mort. Derrière Orphée,
Eurydice ; mais dans le dos de celle-ci gisent
les limbes et les cimetières. Derrière la
femme de Lot, statue, courent son époux
avec ses filles ; dans leur dos s'effondre la
ville sous les pierres et le feu. Commune à
toutes les muses, la musique les accompagne,
invisible et présente en chaque œuvre,
comme son ange gardien. Mais la noise,
guerre mère de toutes choses, porte en elle
la mort génitrice. Si tu ne meurs, si tu ne
descends pas aux Enfers, tu ne créeras jamais. Sarrasine meurt, comme Frenhofer, et
Gambara ne vaut pas mieux. Pierre Grassou
se porte bien. La mort engendre les arts.

Les deux arts fondamentaux, la musique
pour le temps et la sculpture pour l'espace,
l'être-là ou le ci-gît, se font face en face de
la statue, leur relation ou lien, aveugles
toutes deux ou tous deux à la mort qui les
domine et les produit. Ci-gît la sculpture et
fuit la musique. Parce que la mort les engendre, nous ne voyons ni ne savons ce qui
engendre les arts, éblouis quand nous nous
retournons vers la condition dernière de la

création, vers son origine qui s'évanouit
comme Eurydice au regard d'Orphée,
aveuglé par la lumière noire de l'enfer, derrière elle. La musicienne, ici, devient en plus
statue, comme la femme de Lot, raidie par
les horreurs advenues à Sodome. Aveuglés
ou raidis, nous croyons les arts inengendrés.

*

Quand l'atelier du vieux peintre Frenhofer
s'ouvre enfin devant Poussin et les autres, *Le
Chef d'œuvre inconnu* les conduit à lever le
voile de serge verte devant un ensemble
chaotique et noiseux, brouillard de couleurs,
formes et tons aux nuances indécises, tohu-
bohu qui fait le fond d'une forme parfaite,
pied ou torse de Vénus émergeant du bruit
nautique. Poussin découvre le puits du multiple, condition de l'œuvre d'art. Cette noise
quasi folle, nous l'entendons lorsque Gambara interprète au piano son opéra de *Ma-
homet* : informe création, cacophonie
étourdissante, réunion de sons discordants
jetés au hasard, brouhaha de notes. Accompagné du peintre et du musicien délirants,
Balzac, dirait-on, prévoit les toiles ou compo-
sitions que nul ne comprend au moment où
j'écris et qui vont chercher dans le bruit de
fond originel la promesse de naissances im-
probables. Les récits qui philosophent sur les

arts, dans *La Comédie humaine*, accèdent à ces totalités virtuelles, à cette sorte d'indéfini que la première physique, sur les bords de la mer Ionienne, autrefois, pensait : la belle noiseuse cache et conditionne la beauté par le tohu-bohu de fond et d'origine, enfouit la beauté sous le bruit de la bataille. Même *Pierre Grassou*, qui prend à l'inverse le problème de la création puisqu'il définit l'impuissance par défaut et non plus par excès comme les deux premiers, même *Pierre Grassou* atteint et décrit de telles multiplicités : le récit commence par l'exposition déferlante où nul ne peut rien reconnaître et qui a remplacé l'ancien salon sélectif, et s'achève par la superbe galerie des faux à Ville-d'Avray où le faux peintre à vrai succès remplace à mesure de fortune les faux par des vrais. La palette des authentiques inventeurs vibre de bruit et de désordre et les expose à tous les risques d'où ils tirent de la beauté alors que celle des copieurs rassemble les exigences du jugement de goût qui veut toujours et à juste titre substituer le vrai au faux mais en ne pouvant elle-même produire que des faux. Voici la maxime de la critique, médias et Université, tous tribunaux confondus : « inventer en toute chose, c'est vouloir mourir à petit feu ; copier, c'est vivre ». Le médiocre mange grassement à la table des institutions et ses références ressemblent à une thèse, à un musée ou à un compte en banque où le vrai jamais ne trompe, alors que le créateur, excessif ou déficient, se réfère au bruit dangereux de la mer avant la naissance d'Aphrodite ou d'Hermaphrodite, et même, sous la noise, brouhaha ou bataille, au tumulte de l'enfer : à l'originaire chaos de la mort.

*

Le génie des langues éparses dans l'Europe du Nord et du Sud, latines ou germaniques, veut que le mot chose ait pour racine le mot cause. Tout se passe, dans nos langages, comme si le réel naissait au sein des assemblées qui débattent et qui jugent. La critique peut-elle dire en un court-circuit plus foudroyant le passage du tribunal de la Raison à la désignation ou à la perte de la chose en soi ? Les langues usitées devant les cours et dicastères depuis des milliers d'années dans ces régions avaient prédit ce résultat. Peut-on dire ou penser plus profondément que le recouvrement partiel des causes et des choses ?

Les brillants curieux qui causaient tout à l'heure, au bal des Lanty, les philosophes qui enseignent que les gens sont des fripons, commençaient d'instruire un procès. Si tu ne sais ni ne peux inventer, juge, tu passeras

de plus pour exigeant et rigoureux. Ils re-
cherchaient la ou les causes. *D'où vient-il ?*
De toute l'Europe, du Sud et du Nord. *Qui
sont-ils ?* Agnats ou cognats de la Zambinella. *Qu'a t-elle fait ?* Elle a trompé un
sculpteur sur son sexe de sorte qu'il est mort
d'amour. *Comment ?* Par assassinat. *Pourquoi ?* Parce que le cardinal Cicognara se
vengea de lui, qui avait enlevé son protégé.
Satisfaite, la police ? Mais, au fait, comment
a-t-elle appris tout cela ? Comment a-t-elle
mis la main sur l'origine criminelle d'une
fortune, bref sur les causes ? Tout simplement par une chaîne de choses : un tableau
renvoie à une statue qui renvoie à son modèle et son facteur. Les choses remontent à
leur cause, comme dans les mots. Les choses
nous accusent. Voici l'ère du soupçon, de la
critique, voici le règne de la police sous laquelle nous avons vécu.

*

La police remonte vers les causes ou la
critique vers les conditions. Ces dernières se
partagent en nécessaires et suffisantes.
Lorsque le mouvement méthodique va du
conditionné vers le conditionnant, il découvre surtout les premières qui font rire par
leur platitude. Balzac dut son existence à un
père et une mère, qu'il aima ou détesta,

comme tout le monde, et fut plongé dans un
environnement historique, social et politique, vibrant de conflits et où circulaient
des langues, de la monnaie avec des marchandises ; il vécut riche ou affamé. Nul ne
se vante d'échapper à ces contraintes qui
enserrent ou affectent n'importe qui, avec ou
sans œuvre, producteur d'une œuvre stupide
ou géniale. Je n'ai jamais lu de critique ex-
cédant l'aire des conditions nécessaires, toujours d'une accablante évidence, universelles
certes comme la généalogie ou l'histoire, le
sexe ou l'économie, la langue, mais inutiles
dès lors qu'on cherche à redescendre du
conditionnant vers le conditionné. Comment
produisez-vous telle œuvre à partir de telle
détermination, historique, sexuelle ou lin-
guistique ? Il y faudrait les conditions suffisantes, qui seules permettent la genèse
effective de la chose spécifique.

On trouve les conditions nécessaires au
marché ou même dans le ruisseau ; rien de
plus commun ni de mieux distribué par les
grandes organisations idéologiques. Rien de
rare à l'inverse comme la plus menue condition suffisante. Je ne sais pas moi-même l'iso-
ler ni la faire voir, mais je sais reconnaître,
sans me pouvoir tromper, celui qui l'a trouvée ou même la chose muette qui l'enveloppe
au signe obvie de la beauté. Celle-ci fuit
devant la haine qui pousse à rechercher les

causes, mais revient et descend, parfois, sur les choses innocentes et pacifiées. Comment accorder quelque créance à une page qui prétend montrer les conditions d'une œuvre d'art dans une langue gourde et laide, décomposant un texte raide, répétitif et disgracieux, qui ne rirait pas d'une telle contradiction ? Comment expliquer la beauté par la laideur et l'inventif par une méthode ou théorie redondante ? Mais il a mis la main sur la condition suffisante celui qui méditant sur elle crée soudain de la beauté, il a pris le geste et peut continuer.

Je crois ce qu'écrit Balzac de la musique et de la sculpture, ou de leurs relations canoniques – amours impossibles et voisinage mortel – parce que son corps entier s'orientant dans le problème produit, d'un surcroît de vie et d'omnitude, l'œuvre *Sarrasine* qui, à son tour, féconde, dans l'allégresse, mon entendement et mon corps. Mais ne croyez pas un seul mot que j'écris, si vous n'éprouvez point à votre tour ce plein du sens qui porte à poursuivre et parfaire. Faute de transmettre cette foisonnante joie, je n'ai rien compris et perds mon existence. Si oui, lecteur, au travail d'accouchement ; si oui, à l'ouvrage !

*

La théorie de l'information définit celle-ci comme proportionnelle à la rareté. Les conditions nécessaires, parce que communes et universelles, n'apportent aucune information : rien de pauvre ou de banal comme une cause ou la recherche des causes, et la langue française fustige leur platitude par le verbe espiègle causer ; rien de plus répétitif qu'une méthode qui ramène sans cesse le même résultat et dispense l'enseignant de l'écrasante et heureuse obligation d'inventer en écartant les étudiants de l'intelligence en éveil. Les conditions suffisantes, rarissimes, productrices, saturées d'information, changent, glissent, courent, fuient toujours ceux qui les cherchent. Rien de plus ordinaire qu'une cause, rien de rare comme une chose.

Le critique ou détective assis au seuil de l'hôtel et de la nouvelle, une main au chaud, un pied gelé dans la tombe, battant la mesure à gauche, sculpté par la glace à droite, remonte vers la cause ou vers la décision du tribunal et les trouve. Et après ? Il vient de découvrir un crime crapuleux. Nous voilà bien avancés. Combien n'ont rapporté aucune fortune ?

Or à côté des causes, castrat décevant et sicaires assassins du sculpteur, se dresse la chose : la statue de l'un, producteur, et de l'autre, copie d'un modèle. La relation de

Sarrasine à Zambinella passe par la cause ou par la chose.

Remarquez-le, dans votre vie et vos travaux : essayez de parler à quelqu'un d'une chose, il vous répond presque toujours par des noms propres, références ou citations, il s'intéresse aux relations et aux causes, presque jamais à l'objet. Voici la rareté. Tout le monde se vautre dans les enjeux, les fétiches et les marchandises, toutes choses affectées ou ramenées à des causes, et reste aveugle à l'objet tel quel. Lumineusement, *Sarrasine* indique le premier chemin et Balzac y écrit une critique du jugement, corps et œuvre d'art confondus, mais dans l'ultime boîte noire gît la chose que le crime empêche de voir. Encore un effort, retournons-nous, laissons le cadavre et la cause, considérons la chose : précritique silencieuse où le corps entier constitue l'objet muet qui le lui rend bien, le produit, le laisse après sa mort témoigner de la beauté, de la culture, en suffisance.

La statue engendre le tableau qui engendre le récit qui engendre d'autres textes : étrange et rare corne d'abondance où le corps, complet, orienté ou sexué, produit la suite qui le produit. Quelque sentence que rende quelque tribunal sur les gens et sur les actes, demeure cette série objective et tacite, constitutive, dont on ignore la genèse parce

que ce même « on » se constitue en se jetant,
collectif avide, sur les causes. Des causes
descendent des choses, parfois.

Qu'est-ce que la sculpture ? Question rare
dans les livres. Un art fondamental, originaire, primitif. Pourquoi ? Parce que, de lui,
naissent les choses. En lui, par lui, le corps
constitue l'objet qui constitue le corps en
retour par l'intermédiaire de la mort. Parce
que, de lui, nous pouvons esquisser une généalogie de l'objet tel quel, seul et muet.
Parce que, d'une cause, d'un crime, de la
mort, adviennent un cadavre, celui de Sarrasine, une momie, celle de la Zambinella
sortant de la tombe, une statue qui trompe
sur son origine ou son modèle, mâle, femelle,
et qu'on ne comprend plus, oui, une chose
enfin, productrice de choses, d'argent, de
bijoux, d'œuvres sans ascendance. Cet art
anthropologiquement premier ouvre une histoire que nous avons perdue ou que nous
n'avons jamais écrite, nous, inondés d'objets
ou de langues et ne sachant manipuler ceux-
là qu'en les nommant par celles-ci enjeux,
fétiches et marchandises. En la sculpture se
noue silencieusement pour la première fois
la transcendantale et rarissime adéquation
des causes et des choses, de l'œuvre objective
et de la mort, mère des cultures.

A la limite amont de cette histoire noire se dresse la chose-cause en soi dans la lumière sombre de l'aube, roche informe, pierre levée. Le sculpteur cherche à mettre la main sur cet objet premier : jamais la philosophie ne sut l'accompagner en cette entreprise, trop éloignée des tribunaux, des causes et des langues. La langue anglaise nomme Sarsen Stones, « Pierres Sarrasines », les menhirs debout les plus archaïques, de matière très dure, les statues masses les plus originelles de mon aire de culture, celles de Stonehenge, par exemple, dites « Sarrasines » pour les renvoyer définitivement à une sauvage étrangeté. Fantomatiques rochers de mes ancêtres oubliés sous de vertigineuses épaisseurs de langues, fixes et fidèles cependant jusqu'à ce jour, tacites, incompréhensibles, pesants, comme pendus entre terre et ciel, j'allais écrire : pensifs.

*

Et la marquise resta pensive.

Pensive, écrit Balzac, qui fait lire et croire que la marquise pense. Et certes, elle paraît penser. Mais la langue va plus loin que son apparence : la marquise pèse et pend, ces deux verbes disant l'origine ou la racine du verbe penser. Le corps ici s'arrête comme pantois. De plus, quiconque pense quelque chose qu'il finit par dire, mais celle qui reste pensive hésite, doute et ne pense rien. De ce pensif rien ne suit, la nouvelle s'achève. La marquise en équilibre sur une balance demeure éperdue, suspendue. Le texte maintient son suspens.

La langue, en secret, derrière elle-même, dit plus et mieux qu'elle ne semble dire. La marquise ne sait quoi penser de tout cela ni d'elle-même – sa vertu, comme celle des âmes pures, a sa patrie dans le ciel. Et elle reste suspendue entre ciel et terre, la sainteté au Royaume de Dieu et les infamies où se vautre le Paris qu'elle habite et aime : elle se partage entre deux lieux. Se connaît-elle ? Nul ne m'aura connue, dit-elle. Singulière tyrannie, a-t-elle protesté, contre le narrateur, vous voulez que je ne sois pas *moi*. Pensive, suspendue entre je et *moi*. Tu es, répond le narrateur *in petto*, plus capricieuse, plus fantasque ou fantastique, mille fois, que mon imagination ; or celle-ci le divisait, comme une chimère, entre vie et mort ou chaud et froid, quand il se plongeait dans la rêverie, au début de la nouvelle. *Sarrasine* a lieu au milieu d'un écrivain songeur et d'une marquise pensive.

Le texte se développe entre deux doutes ou deux balances, suspense en équilibre et double lui aussi, ou se tient comme un livre

au milieu de serre-livres, deux corps divisés,
le premier partagé entre vie et mort, chaleur,
lumière et neige, la dernière parmi ciel et
terre, chacun doutant de soi-même, comme
déchiré : suspense écrit entre un corps
d'homme et un corps de femme, rêveur, pensive, coupés mais réunis, collés, fondus,
mêlés, assemblés par le texte même de *Sarrasine* qui fait leur plan de symétrie ou
d'énantiomorphie passant par le sexe. Oui,
leur réunion s'achève, accomplie, parfaite
comme s'ils avaient infiniment mieux fait que
l'amour : devenus par la nouvelle même Hermaphrodite enfin.

Statues immobiles, assises, rêveuses, pen-
sives, fondues ensemble par le sculpteur Sarrasine, mort et disparu au milieu, en un seul
chef-d'œuvre absolu.

Rêve et pense, à la vie à la mort, écris face
au ciel, tu deviendras androgyne, Adam hermaphrodite, première statue.

Stanford, octobre-novembre 1986.

BIBLIOGRAPHIE

1923. F. Haböck, *Die Gesangskunst der Kastraten*, Vienne, Universal-Edition, 2 volumes.

1933. H. David, « Balzac italianisant. Autour de *Sarrasine* », *Revue de littérature comparée*, pp. 457-464.

1960. A. Heriot, *The Castrati in Opera*, Londres, Calderbooks.

1963. Jean Seznec, « Diderot et *Sarrasine* », *Diderot Studies*, IV, pp. 237-245.

1966. Pierre Citron. « Note sur *Sarrasine* », *L'Année balzacienne*.

1967. J. Reboul, « *Sarrasine* ou la castration personnifiée », *Cahiers pour l'analyse*, VII.

1970. Roland Barthes, *S/Z*, Éd. du Seuil.

1971. P. Barbéris, « A propos du *S/Z* de Roland Barthes », *L'Année balzacienne*.

1972. Pierre Citron, « Interprétation de *Sarrasine* », *L'Année balzacienne*, pp. 81-97.

1973. L. Frappier-Mazur, « Balzac et l'androgyne », *L'Année balzacienne*, pp. 253-277.

1977. Pierre Citron, Introduction, notes et variantes pour *Sarrasine*, *in* Balzac, *La Comédie humaine*, Bibliothèque de la Pléiade, tome VI, pp. 1036-1041 et 1543-1554.

1986. Pierre Citron, *Dans Balzac*, Éd. du Seuil : sur *Sarrasine* : pp. 24-25, 85-101, 110-111 et *passim*.

CHRONOLOGIE

1588. Naissance à Noyon du sculpteur Jacques Sarrazin
qui, pendant dix-huit ans, travaille à Rome pour
Mgr Aldobrandini et décore, en particulier, les
fontaines en sa villa de Frascati. Les modèles des
cariatides ornant le pavillon de l'Horloge au
Louvre sortent de sa main. Il meurt à Paris en
1660. Balzac orthographie Sarrasin le nom d'un
comte Adrien de Sarrazin auteur de *Contes du
caravansérail* qu'il admirait beaucoup (*Corres-
pondance*, I, 360).

1652. Décembre : Trois lettres de Jean Sarrasin (ortho-
graphié indifféremment Sarasin ou Sarazin, y
compris sur les couvertures de ses livres) à Balzac
(Guez de). *Cf. Œuvres de J.-F. Sarasin*, éd. P.
Festugière, tome II, pp. 488-505.

1698. Naissance à Chaumont-en-Basigny d'Edme Bouchardon, sculpteur, mort à Paris en 1762.

1710. Naissance d'Allegrain, sculpteur, mort en 1795.

1716. Naissance à Montpellier de Joseph-Marie Vien,
peintre, mort en 1809.

1740. Naissance de Philippe-Jacques de Lautherbourg,
mort en 1812.

1746. 22 juillet : Naissance dans le Rouergue de Bernard-François Balssa, père de l'auteur. Le nom
de Balzac, qui substitue le Z aux S, semble apparaître autour de 1776.

1767. Naissance à Montargis d'Anne-Louis Girodet, peintre, mort à Paris en 1824. Il expose le *Sommeil d'Endymion* au Salon de 1792.

1767. Dans le *Salon* de 1767, Diderot, admirateur de Bouchardon, cite le sculpteur classique Sarrazin, puis Allegrain, Vien et Lautherbourg.

1768. Emmanuel Kant, *Du premier fondement de la différence des régions dans l'espace.* Kant reprend les questions de symétrie et de non-congruence gauche-droite en leur donnant des solutions philosophiques différentes dans la *Dissertation de 1770* (section III, parag. 15-c-) puis dans *Qu'est-ce que s'orienter dans la pensée* (1786) et, la même année, dans les *Premiers principes métaphysiques de la science de la nature* (chap. I, scol. III).

1779. Voyage de Lamarck au Mont-Dore où il découvre que la *cacalie Sarrasine* porte, en Auvergne, des fleurons hermaphrodites alors, dit-il, qu'ils sont uniquement femelles au jardin du Roy (*cf.* Yves Delange, *Lamarck, sa vie, son œuvre*, Actes Sud, 1984, p. 92). On sait que l'aristoloche, plante dicotylédone, a une variété appelée siphon ou *sarrasine* qui donne de curieuses fleurs en forme de pipe allemande.

1792. Girodet peint son *Endymion* à Rome.

1799. 20 mai : Naissance à Tours d'Honoré de Balzac.

1807. Bernard-François Balssa, dit Balzac, administrateur de l'Hospice général à Tours, après avoir fait paraître des brochures sur la prostitution et les prisons, publie un *Mémoire sur les moyens de prévenir les vols et les assassinats.*
Du 22 juin 1807 au 22 avril 1813, le jeune Honoré Balzac vit interne au collège des Oratoriens de Vendôme. Le vendredi saint, en l'année 1813, tombe le 16 avril, six jours avant que les parents

de Balzac viennent précipitamment le retirer de ce collège.

1808. Naissance à Paris de la Malibran, cantatrice d'origine espagnole, interprète de Rossini. Elle meurt en 1836. Sontag naît en 1806 et Fodor en 1793, respectivement allemande et italienne.

1813. Création à La Fenice de Venise du *Tancredi* de Rossini, repris à Paris en 1822 et en 1826, à l'Odéon, en version française. Malibran et Sontag y chantent en 1829, l'année qui précède la première parution de *Sarrasine*.

1818. Pour l'assassinat d'une fille de ferme, Louis Balssa, oncle de Balzac, est condamné à mort et guillotiné (Albi, août).

1821. Nodier, *Smarra*, où apparaissent des goules.
Traduction en français du *Frankenstein* de Mary Shelley.

1822. Sous le pseudonyme d'Horace de Saint-Aubin, Balzac publie *Un centenaire*, où un vieillard nommé Sculdans prétend à l'immortalité en se régénérant par le sang de jeunes filles qu'il tue. Apparaît là une Marianine, victime du vampire, mais à la fin sauvée.

1824. Balzac publie sous l'anonymat une *Histoire impartiale des jésuites*.

1826. Commencement de la parution en France des *Mémoires* de Casanova, où l'auteur raconte sa rencontre avec un travesti nommé Bellino, hautecontre, qui se révèle enfin une cantatrice étonnamment belle, Teresa Lanti.
Balzac dit, dans les *Contes bruns*, avoir entendu Stendhal, dans un salon, vers cette époque, raconter des histoires piquantes venant d'Italie. Or l'une des *Chroniques italiennes*, *San Francisco a Ripa*, relate un récit assez semblable à la deuxième partie de *Sarrasine*.

1827. Balzac publie anonymement un *Album historique*

et anecdotique où il raconte l'histoire du marquis de Jaucourt qui eut le courage de ne pas crier lorsque la charnière de la porte d'un réduit où il se cacha précipitamment lui écrasa les doigts.

1829. Mars : Première parution du premier roman de *La Comédie humaine, Les Chouans*, avec un titre plus prolixe.

Juin : Mort du père.

Commencement de la vie mondaine de Balzac, reçu dans divers salons de Paris, dont celui de la princesse russe Bagration où il rencontre une société cosmopolite.

Balzac achète les *Mémoires* de Casanova.

Stendhal publie ses *Promenades dans Rome* où il décrit avec soin la villa Ludovisi et son parc.

1830. Pillage de la casbah d'Alger.

Parution les 21 et 28 novembre de *Sarrasine* dans la *Revue de Paris*. Dans une des *Scènes de la vie privée, Gloire et malheur*, devenu par la suite *La Maison du Chat-qui-pelote*, un peintre, Sommervieux, a pour ami le Girodet qui copie l'*Endymion* que Vien a peint sur le modèle de la statue de Zambinella, par Sarrasine.

1831. *La Peau de chagrin* où Raphaël de Valentin tombe amoureux de la comtesse Foedora. *Romans et contes philosophiques : L'Élixir de longue vie, Sarrasine* (plus tard classés dans les *Scènes de la vie parisienne*), *Le Chef-d'œuvre inconnu...*

1834. *La Recherche de l'absolu.*

1835. *Séraphita* (personnage androgyne). *Sarrasine* passe dans les *Scènes de la vie parisienne.*

1836. Juillet-août : Balzac voyage à Turin avec Mme Marbouty déguisée en homme.

1837. 24 mai : Lettre à Mme Hanska : « *Massimilla Doni* et *Gambara* sont, dans les *Études philosophiques*, l'apparition de la musique... soumise à la même épreuve que la pensée dans *Louis Lambert*... ce qui m'a dicté *Le Chef-d'œuvre inconnu* pour la peinture. »

1839.	Février : Dans la préface d'*Une fille d'Ève*, Balzac annonce deux œuvres sur la comédie et la sculpture, jamais écrites. Parution de *Massimilla Doni* et de *Gambara*.

1840.	*Pierre Grassou*.

1842.	*Sarrasine*, dans les *Scènes de la vie parisienne*, entre dans *La Comédie humaine*. Mme de Rochefide y remplace la comtesse Foedora. La marquise de Rochefide revient dans les romans suivants : *La Maison Nucingen* (1838), *Beatrix* (1839), *Les Secrets de la princesse de Cadignan* (1839), *Une fille d'Ève* (1839), *Un prince de la Bohême* (1840), *Autre étude de femme* (1842), *Modeste Mignon* (1844).

1844.	Dédicace de *Sarrasine* à Charles de Bernard du Grail.

1850.	18 août. Mort de Balzac.

TABLE

PUBLICATIONS NOUVELLES

Vous trouverez chez votre libraire le catalogue complet des livres de poche GF-Flammarion et Champs-Flammarion.